Zollgeschichten

50 Momentaufnahmen aus 5000 Jahren

Hrsg. von Jörg Geuenich und Kathrin Melzer

heimbüchel

© Heimbüchel, Köln, 2005
Kontakt: Heimbüchel GmbH
Weyertal 59, 50937 Köln
Telefon 02 21/94 40 84 – 0
Telefax 02 21/94 40 84 – 20
info@heimbuechel.de

Layout: Thomas Allenstein, Miria Marx

Bildredaktion: Sandra Isensee

Druck: Druckpunkt Offset GmbH, Bergheim

**Gedruckt mit freundlicher Unterstützung des
Bundesministeriums der Finanzen**

Bildnachweis:
AKG-Images (S. 85, 102, 106); Thomas Allenstein (S. 84); Bildarchiv Preußischer Kulturbesitz
(S. 27); Bildungszentrum Münster (S. 12, 32, 51, 70); Gerd Blumberg (S. 75); Rolf Brück (S. 89);
Bundesfinanzakademie Brühl (S. 7, 8, 10, 15, 16, 25, 29, 34, 38, 39, 48, 62, 63, 72, 76, 77, 97, 99,
104, 105, 120, 124, 125); Bundesministerium der Finanzen (S. 69,70,96); Uwe Caesar (S. 117);
Deutsche Bundesbank (S. 94); Deutsch-Deutsches Museum Mödlareuth (S. 40, 41); Deutsches
Zollmuseum Hamburg (S. 20, 22, 42, 45, 46, 47, 54, 66, 67, 68, 79, 80, 81, 83, 99, 101, 103, 109,
110, 116, 118, 119, 123, 127, 131, 133); Dokumentationszentrum Wanfried (S. 91, 93); Erzbisch.
Diözesan- und Dombibliothek (S. 132); European Community (S. 100); Gemeinde Jestetten
(S. 111, 112); Grenzlandmuseum Eichfeld (S. 129, 130); Hauptzollamt Krefeld (S. 88); Heinrich-
Heine Institut Düsseldorf (S. 13); Herzog August Bibliothek Wolfenbüttel (Signatur) (S. 115);
HPR Archiv (S. 30, 31, 35, 55, 61, 78, 82, 87, 90, 107, 113); Hans Hübner (S. 19); Sandra Isensee
(S. 21); Niedersächsisches Staatsarchiv Oldenburg (S. 59); Oberfinanzdirektion Cottbus (S. 56,
57); OFD Koblenz (S. 43, 44); OFD Köln (S. 86); OFD Nürnberg (S. 64, 65, 98); Nikolaus Philippi
(S. 122); Hans Josef Recktenwald (S. 95); G. Rüdel/Franni Greiner (S. 23, 24); Ralf Schemen-
auer (S. 37); Staatliches marokkanisches Fremdenverkehrsamt (S. 128); Stadt Kaufbeuren
(S. 33); Stadt Köln/Inge Decker (S. 50); Stadtbibliothek Trier (Titelbild); Martin Sturhahn
(S. 92); Toll Collect (S. 127); www.visipix.com (S. 58); Weltzollorganisation (S. 36); Hartmut
Zänder (S. 52, 108); Zollmuseum Friedrich (S. 49, 71, 73)

Die Beiträge und Bilder in diesem Buch greifen größtenteils auf *Zoll aktuell-*
Ausgaben zurück, die innerhalb der vergangenen zehn Jahre erschienen sind.
Wir haben uns nach bestem Wissen und Gewissen bemüht, die Nutzungsrechte
aller Abbildungen für diese Ausgabe neu zu klären und zu erwerben.

ISBN 3–936449–01–5

Inhalt

Liebe Leserinnen und Leser,

der vorliegende Band stellt Ihnen eine Sammlung der Zollgeschichte/n vor, die in der gleichnamigen Rubrik von *Zoll aktuell*, der Mitarbeitzeitschrift der Bundeszollverwaltung, im Laufe ihres zehnjährigen Erscheinens veröffentlicht wurden. Die Herausgeber haben nicht die Absicht, dem Leser damit einen Überblick über die Geschichte der deutschen Zollverwaltung oder gar des Zollwesens zu verschaffen. Die Zollgeschichte/n berichten ganz unsystematisch über Denk- und Merkwürdiges rund um den Zoll.

Beim Sichten der Beiträge waren wir selbst erstaunt, was da im Laufe von rund zehn Jahren zusammengekommen ist. Entstanden ist eine facettenreiche Sammlung von 50 Geschichten und historischen Streiflichtern aus 5 000 Jahren Zollgeschichte. Schon die frühesten Hochkulturen finanzierten staatliche Gemeinschaftsaufgaben wie den Bau und den Unterhalt von Straßen und Brücken, aber auch die Garantie für die Sicherheit der Reisenden und Kaufleute im Lande durch die Erhebung von Zöllen. Daran hat sich bis heute nicht viel geändert. Das Buch enthält viel Wissenswertes und Interessantes über die Bedeutung des Zolls im Verlauf der Menschheitsgeschichte, dabei wird Kritisches und zum Nachdenken Anregendes nicht ausgespart. Über Rolle und Wirken des Zolls in einer Gesellschaft geben wirtschaftliche, politische und kulturelle Zeugnisse Auskunft. Wie im wirklichen Leben stehen hier Unterhaltsames, Wissenswertes und Ernstes oft dicht nebeneinander. Gerade dadurch wird deutlich, dass Zölle unterschiedlichster Ausprägung zu den ältesten und wichtigsten Abgabenarten der Menschheitsgeschichte gehören und wie sehr der Zoll zu bestimmten Zeiten das Leben der Menschen beeinflusst hat.

An dieser Stelle möchten wir uns ganz herzlich bei allen bedanken, die uns bei der Herausgabe des Buches unterstützt haben. Bei der Recherche von Text und Bild waren wie immer insbesondere die Kollegen der Öffentlichkeitsarbeit Zoll im Bundesfinanzministerium, die Mitglieder des Redaktionsbeirates von *Zoll aktuell* sowie die Mitarbeiterinnen und Mitarbeiter der Finanzgeschichtlichen Sammlung der Bundesfinanzakademie in Brühl und des Deutschen Zollmuseums in Hamburg eine große Hilfe. Danke aber vor allem jenen Zöllnerinnen und Zöllnern, die uns in den vergangenen zehn Jahren ihre Zollgeschichte/n erzählt haben.

Die Herausgeber   Köln, im Juni 2005

5000 Jahre Zollgeschichte

Das Berufsbild des Zöllners hat sich im Zeichen der Globalisierung und der offenen Grenzen in jüngster Zeit dramatisch verändert. Dies gilt nicht nur für Europa, wenngleich hier in besonderem Maß, sondern weltweit. Der Blick über die eigenen Grenzen auf das Geschehen in andere Länder, die längst nicht mehr so fern sind wie noch vor wenigen Jahrzehnten, gehört heute zur täglichen Routine auch für Zöllnerinnen und Zöllner fast überall auf der Welt.

Doch kann auch ein Blick über die Grenzen der Gegenwart hinaus und zurück in die Geschichte des Zolls dabei helfen, unsere Zeit besser zu verstehen. Nicht alles, aber vieles war, wenn auch in anderem Gewande, schon einmal da. Das Phänomen der Umfahrung mautpflichtiger Straßen, wie man sie gegenwärtig nach Einführung der LKW-Maut erlebt, gehörte zu den Problemen der Zolleinnehmer aller Zeiten. Eine der spektakulärsten Zollumfahrungen praktizierten im 16. Jahrhundert die Bayern, indem sie ihre mit Salz beladenen Schiffe auf Holzrollen vom Inn über Land an die obere Donau brachten und so den Zoll von Passau umgingen. Den Erzbischof von Salzburg dürften die bayerischen Salzschiffer damals kaum weniger erzürnt haben als heute die Brummifahrer den Bundesverkehrsminister.

Das Beispiel zeigt zugleich, wie groß bei aller Kontinuität der Wandel in allem ist – und umgekehrt. Die Beobachtung des einen wie des anderen ist gleichermaßen faszinierend. Das ist in der Geschichte des Zolls nicht anders als in der Geschichte der Menschheit schlechthin. Dort übernimmt der Zöllner seine Aufgabe allerdings erst, nachdem die Menschen begonnen haben, sich statt in Horden, Sippen und Stämmen in Städten und Staaten zu organisieren. Die ältesten Nachweise zöllnerischer Tätigkeit führen uns deshalb in die frühen Hochkulturen an Euphrat und Tigris sowie an den Nil und reichen bis in die Zeit um etwa 3 000 v. Chr. zurück. Die Herrscher der sich dort entwickelnden Großmächte brauchten zur Bewältigung ihrer Aufgaben erhebliche Geldmengen, und sie verfügten über die Macht und die organisatorischen Instrumente, sich die benötigten Haushaltsmittel durch die Erhebung von Zöllen zu beschaffen. Es spricht vieles dafür, dass Zölle zu den ersten staatlichen Abgaben überhaupt gehörten. Unter Zöllen in diesem Sinne verstehen wir Transitabgaben, die auf Waren- oder Personenbewegungen an Grenzen bei der Ein- und Ausfuhr, aber auch für die Benutzung von Straßen und Brücken, an Fährstellen und Stadttoren sowie auf Marktplätzen erhoben wurden. Ein entscheidender Unterschied zur heutigen Zollpraxis bestand darin, dass der Zoll nicht nur beim Überschreiten der Grenze eines bestimmten Hoheitsgebietes entstand, sondern ebenso an zahlreichen Zollstationen im Inneren des Landes. Die Begründung für die Erhebung des Zolls und dessen Verwendung konnte dabei – wie seine Bemessungsgrundlage und seine Höhe – ganz unterschiedlich aussehen.

Abgabenzahlung an der Mosel (um 200 n. Chr.)

Nicht nur in den Anfängen, sondern zu allen Zeiten dürfte zunächst der Finanzbedarf der Zollherren das entscheidende Motiv für die Erhebung von Zöllen gewesen sein. Erst später hat man den Zoll auch als Handelshemmnis für ausländische Waren und zum Schutz der heimischen Wirtschaft vor ausländischer Konkurrenz entdeckt. Nicht selten wurden Zölle allerdings durch unsachgemäßen und übermäßigen Einsatz selbst zum Handelshemmnis der eigenen Wirtschaft und schwächten die Konjunktur eines Landes zum finanziellen Nachteil der Staatskasse. Beispiele dafür sind die mittelalterlichen Flusszölle etwa an Rhein und Weser oder die Zollpraxis der deutschen Kleinstaaten im frühen 19. Jahrhundert bis zur Schaffung des Deutschen Zollvereins 1834. Bereits im Römischen Reich konnten Steuereintreiber, hinter denen nicht selten kapitalkräftige Privatgesellschaften standen, durch übermäßige Besteuerung schon mal die Wirtschaft einer ganzen Provinz ruinieren. Die willkürliche Einnahmepraxis vieler römischer Zolleinnehmer war einer der Gründe dafür, dass die Zöllner in Palästina zur Zeit des Neuen Testamentes bei der einheimischen Bevölkerung einen miserablen Ruf hatten und in einem Atemzug mit Heiden, Dirnen, Sündern, Säufern und Fressern genannt wurden.

Die Römer, die über ein hoch entwickeltes, von privaten Zolleinnehmern verwaltetes Zollwesen verfügten, waren es schließlich auch, die im Rahmen ihrer Eroberungen das System der Zollerhebung in das Gebiet des heutigen

Deutschlands bzw. der Europäischen Union einführten. Dies gilt vor allem für die Gebiete westlich des Rheines. Den Germanen und Kelten, die zur Zeit der römischen Eroberungen hier lebten, waren Zölle bis dahin fremd gewesen. Sie lehnten jegliche Form von staatlichen Abgaben als Eingriff in ihre Freiheits-rechte ab. Vieles spricht deshalb dafür, dass das Wort Zoll im Laufe der Sprach-entwicklung aus dem lateinischen *teloneum* abgeleitet wurde. *Teloneum* wie-derum war die Lateinisierung eines entsprechenden griechischen Begriffes (*télos* = Abgabe) und bezeichnete zunächst nur die Zollstätte, also das Zollamt. Spätestens seit Beginn des 5. Jahrhunderts wird *teloneum* in offiziellen lateini-schen Texten jedoch für die eigentliche Zollabgabe verwendet. Aus *teloneum* wurde schließlich *toloneum*, daraus *toll* und noch später Zoll.

Nach dem Untergang des römischen Reiches überlebte, wie so vieles seiner Kultur, in den einst römischen Provinzen auch das Zollwesen oder zumindest das Wissen darum. Die Franken übernahmen, wenngleich auf deutlich niedri-

gerem Niveau, gewisse Elemente davon bzw. ließen sie später wie-der aufleben und entwickelten sie vor allem unter den Merowin-gern weiter. Im Reiche Karls des Großen (Foto links) spielten Zölle dann bereits wieder eine tragen-de und unverzichtbare Rolle bei der Finanzierung des Staatshaus-haltes. Dabei berief sich die kai-serliche Administration in ihren Erlassen regelmäßig auf die Recht-mäßigkeit der „alten" Zölle, die an althergebrachten, traditionel-len Zollstätten erhoben wurden. Die Zolltarife waren relativ ein-fach. Sie legten entweder nur die Art und Größe des Transportmit-tels oder, schon etwas differenzie-render, die Art und die Menge der beförderten Waren zugrunde. Die Zollschuld wurde nicht im-mer durch Geld, sondern gelegentlich auch durch Überlassung eines entspre-chenden Teils der transportierten Waren beglichen.

Das Recht zur Erhebung von Zöllen im Fernverkehr war zwar zunächst ein vom Kaiser verliehenes oder zu bestätigendes Privileg. Doch im Laufe der Jahrhunderte eröffneten immer neue Zollstellen, selten nur wurde eine dauerhaft aufgegeben. So gab es im 13. und 14. Jahrhundert allein am Rhein zwischen Mainz und Nimwegen bis zu 30 Zollstationen mit unterschiedlich hohen Zöllen. Natürlich versuchten die Zollpflichtigen, sich dem Übermaß an Zollerhebung zu entziehen, indem sie Zollstationen umgingen oder durchbrachen. Die Zöllner waren deshalb vielerorts auch für robuste Einsätze gut ausgerüstet. Sie sperrten die Durchfahrt im Fluss mit Zollketten und verfügten über Waffen und Geschütze, mit denen sie durchbrechende Schiffe stoppen oder bewaffneten Geleitschutz überwältigen konnten. So schreckten die Zöllner der Burg Fürstenberg bei Bacharach im Jahre 1292 keine Sekunde davor zurück, den deutschen König mit einem Pfeilhagel unter Beschuss zu nehmen, und töteten eine Person seines Hofstaates, als Adolf von Nassau ohne Halt an ihrer Zollstation vorbeifuhr – was ihm als deutschem Herrscher jedoch ohne weiteres zustand. Solche Zustände führte naturgemäß zu vielerlei Misshelligkeiten. Zollstreitigkeiten, ja selbst Zollkriege zwischen den verschiedenen Zollherren blieben keine Seltenheit. Zwar hat es an Versuchen des Kaisers und der am Rhein ansässigen Kurfürsten nicht gefehlt, die größten Missstände zu beseitigen, doch ein durchschlagender Erfolg bei der Lichtung oder gar Beseitigung des Zolldschungels ist den Beteiligten, die in ihre eigenen Interessen verstrickt waren, nie wirklich gelungen. Ähnlich wie am Rhein sah es im Grunde überall dort in Deutschland aus, wo wegen des Verkehrsaufkommens die Einrichtung einer Zollstation lohnte. Zahllose Königreiche, Fürstentümer, Grafschaften und Städte erhoben Zölle, um sich Haushaltsmittel zu beschaffen. Dabei ging es nicht immer so kriegerisch zu wie auf den Zollfestungen am Rhein. Allerdings setzten auch die Hansestädte im Mündungsbereich von Elbe, Ems und Weser Kriegsschiffe und Zollketten ein, um ihren Zollforderungen Nachdruck zu verleihen.

Ein wirklich entscheidender Einschnitt in diese Verhältnisse erfolgte letztendlich erst in der Folge der kriegerischen Eroberungen Napoleons. Nachdem der Wiener Kongress, der die Nachfolge der napoleonischen Hinterlassenschaft in Europa neu ordnete, im Jahre 1815 seine Arbeit getan hatte, war Deutschland allerdings wieder von 38 Zollgrenzen durchzogen. Mit ihnen stellten eine Vielzahl von Königreichen, Fürstentümern und Stadtstaaten ihre Souveränität unter Beweis. Die zahlreichen Zollgrenzen behinderten den freien Warenverkehr und verteuerten die gehandelten Waren ungemein – bis die politische Entwicklung die Verantwortlichen zum Umdenken zwang. Der Zusammenbruch des napoleonischen Reiches und der damit verbundene Wegfall der Kontinentalsperre zeitigten damals ähnliche Folgen wie später der Fall des Eisernen Vorhangs. Eine plötzlich einsetzende stürmische Wirtschaftsentwicklung, die vor allen Dingen von Großbritannien ausging, schien insbesondere deutsche Unternehmen zu bedrohen. Die Wirtschaft der zahlreichen deutschen Kleinstaaten war den neuen Herausforderungen nicht mehr gewachsen und verfiel zusehends. Schließlich blieb den meisten Landesherren nichts anderes übrig, als zumindest ökonomisch gemeinsame Sache zu machen. Nach langwierigen und zähen Verhandlungen trat am 1. Januar 1834 der Vertrag über den Deutschen Zollverein in Kraft, dem zunächst das Königreich Preußen und 18 weitere deutsche Klein- und Mittelstaaten angehörten, darunter Bayern, Sachsen, Württemberg, Kurhessen, Hessen Darmstadt, die thüringischen Staaten, die anhaltinischen Länder und die beiden Hohenzollern. Damit wurden in einem Gebiet mit circa 23 Mio. Einwohnern die Zollgrenzen abgeschafft. Dieser Schritt wurde von großen Teilen der Bevölkerung als ein lang ersehnter Akt der Befreiung empfunden. An zahlreichen Grenzübergängen spielten sich in der Nacht zum 1. Januar 1834 ähnliche Freudenfeste ab, wie im Jahre 1989 nach der Öffnung der innerdeutschen Grenze. Unter dem Druck der Verhältnisse und oft nur widerstrebend traten nach und nach die meisten deutschen Staaten, zusammen schließlich 38 an der Zahl, dem Deutschen Zollverein bei. Damit existierten bereits vor der Gründung des Deutschen Reiches im Jahre 1871 in weiten Teilen Deutschlands keine Zollgrenzen mehr. Zölle wurden nur noch an den Außengrenzen des neuen Zoll- und Wirtschaftsgebietes erhoben und nach der Kopfzahl der Bevölkerung auf die Vertragsstaaten verteilt. Die Hansestädte Lübeck, Bremen und Hamburg gehörten dem Deutschen Zollverein allerdings niemals an. Ihre Zollgebiete wurden erst im Jahr 1886 (Lübeck) bzw. 1888 mit dem des Deutschen Reiches vereint. Den 1. Januar 1834 kann man gleichwohl mit Fug und Recht als die Geburtsstunde des modernen Zollwesens in Deutschland bezeichnen. Ganz ne-

benbei wurde in diesem Prozess auch die Praxis beendet, Zollstätten an Private zu verpachten. Die Erhebung der Zölle wurde zur hoheitlichen Aufgabe erhoben, mit deren Erledigung Zollbeamte beauftragt waren.

Mit der Gründung des Deutschen Reiches (links Otto Fürst von Bismarck, Reichskanzler 1871 – 1890) wurde die gesetzgebende Gewalt für Zölle dann zwar durch die Verfassung vom 18. Januar 1871 dem Reich übertragen, doch blieb die vollziehende Gewalt ebenso wie die für die Verbrauchsteuern bei den damals bestehenden 25 Ländern. Für die Verwaltung und Erhebung von Zöllen und Verbrauchsteuern waren in Deutschland danach die einzelnen Landesfinanzverwaltungen zuständig. Erst die Weimarer Nationalversammlung bestimmte in Artikel 83 der Verfassung des Deutschen Reiches vom 11. August 1919, dass Zölle und Verbrauchsteuern durch Reichsbehörden verwaltet werden. Die deutsche Reichszollverwaltung war damit geschaffen.

In der Zeit der nationalsozialistischen Gewaltherrschaft war die Reichszollverwaltung in die Verbrechen des Regimes verstrickt. Dies galt insbesondere für die Überwachung des Außenwirtschaftsverkehrs im Zusammenhang mit der Ausfuhr von Vermögenswerten durch die verfolgten Juden, für die Kontrolle der Grenzen bei der Ausreise und Flucht verfolgter Juden sowie für die Beschlagnahme und Verwertung der dabei aufgegriffenen Vermögenswerte. Erinnert sei daran, dass die deutsche Zollverwaltung in Gebiete, die nach der Eroberung durch die Wehrmacht verwaltet wurden, einrückte und dort ihre zöllnerische Tätigkeit aufnahm.

Die bedingungslose Kapitulation des Deutschen Reiches am 8. Mai 1945 brachte das Ende der Reichszollverwaltung. Die Finanzhoheit des Reiches ging zunächst auf die Besatzungsmächte und von diesen bis zur Gründung der Bundesrepublik Deutschland auf die Länder über. In Fortsetzung der Weimarer Tradition sieht das Grundgesetz der Bundesrepublik Deutschland vom 23. Mai 1949 in Artikel 108 vor, dass Zölle, Finanzmonopole und die bundesgesetzlich geregelten Verbrauchsteuern durch Bundesfinanzbehörden, das heißt durch die Bundeszollverwaltung verwaltet werden. Hierzu kamen später noch jene Abgaben hinzu, die im Rahmen der Europäischen Gemeinschaften erhoben werden. Durch das Finanzverwaltungsgesetz vom 9. September 1950 wurden der Zollgrenzdienst und das zwischenzeitlich bei den Landesfinanzverwaltungen angesiedelte Zollpersonal in den Dienst des Bundes übernommen. Die Bundeszollverwaltung konnte also im Herbst des Jahres 2000 ihren 50. Geburtstag feiern.

Das Erscheinungsbild und die Aufgaben der deutschen Zollverwaltung haben sich mit dem Weg Deutschlands in der Europäischen Union (EU) weiter kontinuierlich verändert. Dieser Weg begann mit dem Abschluss der Römischen Verträge zur Gründung der Europäischen Wirtschaftsgemeinschaft (EWG) am 25. März 1957 und fand seinen sicherlich nur vorübergehenden Abschluss mit der EU-Osterweiterung am 1. Mai 2004. Seit der Schaffung des

Europäischen Binnenmarktes zum 1. Januar 1993 finden an den Grenzen zwischen den Mitgliedstaaten der EU keine Warenkontrollen mehr statt. Die Zollämter an den Binnengrenzen wurden aufgelöst. Nur einige wenige bestehen als Binnenzollämter weiter. Für die Bundeszollverwaltung war dieser Schritt der bis dahin folgenreichste im Laufe ihrer jungen Geschichte. Dabei hatte bereits die Herstellung der Deutschen Einheit zum 1. Oktober 1990 den bundesdeutschen Zoll nachhaltig geprägt und verändert. Dazu zählte sowohl der Neuaufbau einer rechtstaatlich organisierten Zollverwaltung in den neuen Bundesländern als auch der Abbau der Zollstellen an der ehemaligen innerdeutschen Grenze. Gleichzeitig musste eine funktionsfähige Grenzüberwachung und Grenzabfertigung an den neuen Grenzen im Osten errichtet werden. 15 Jahre und einen winzigen Bruchteil unseres 5000-jährigen Rückblicks später sind nun auch die Zollgrenzen zu Polen und Tschechien bereits wieder Vergangenheit und damit Bestandteil der Zollgeschichte. ▪

1 „Ihr Toren, die Ihr im Koffer sucht!"

Viele Köpfe haben über den Zoll zu jeder Zeit nachgedacht. Auch Heinrich Heine – einer der größten deutschen Dichter – hat sich mit dem Zoll auseinander gesetzt. Wer heute liest, wie der als scharfzüngiger Kritiker gefürchtete Heine eine Zollkontrolle durch preußische Douaniers schildert (Seite 14), mag schmunzeln. Vielleicht wird er beim Lesen der Zeilen auch ein wenig nachdenklich werden. Denn Heine wäre nicht das Genie, als das er in die Literaturgeschichte eingegangen ist, wenn er nicht noch nach 160 Jahren Nachdenklichkeit auslösen könnte. Gewiss, nach verbotener Literatur fahndet heute in Deutschland kein Zöllner mehr, und im Zeitalter des Satellitenfernsehens käme niemand mehr auf den Gedanken, gefährliche Ideen im Kopf über die Grenze schmuggeln zu müssen. Nein, heute filzt man die Reisenden nicht nach Büchern, sondern nach Kokain, und das versteckt niemand im Kopf, sondern höchstens im Darm.

Aber gibt es bei allem, was den modernen Zöllner von Heines Douaniers trennt, nicht doch noch die eine oder andere Parallele? Stellen wir einige nicht-literarische Fragen: Wie etwa mögen damals die Zöllner auf den Wegfall der Zollgrenzen in Deutschland und den dadurch erzwungenen Strukturwandel ihrer Verwaltungen reagiert haben? Ist nicht auch die Europäische Union aus einem „Zollverein" hervorgegangen? Und sind nicht die Grundsätze jener alten – zum 1. Januar 1834 in Kraft getretenen – handelspolitischen Einigung der Deutschen Bundesstaaten, die damals die deutsche Wirtschaftseinheit herstellte, den modernen Gedanken des Europäischen Binnenmarkts in der einen oder anderen Weise sogar ähnlich? Zumindest Heines Mitreisender schien große Hoffnungen in die politische Integrationskraft des einheitlichen Zoll- und Wirtschaftsgebietes und dessen Schutz durch den Zoll gesetzt zu haben. Auch an die sich entwickelnde Einheit Europas werden heute große Hoffnungen geknüpft. Zwar erschiene es absurd, die europäische Integration durch geistige Abschottung und Zensur fördern zu wollen. Das Gegenteil ist der Fall: Austausch und Offenheit bestimmen nicht nur die kulturellen Beziehungen. Doch noch immer erwartet man vom Zoll wahre Wunder bei der Abfertigung des grenzüberschreitenden Verkehrs.

An Heines „Wintermärchen" fällt ins Auge, dass nicht nur die Zeiten, sondern auch der Zoll längst völlig andere geworden sind. Bijouterien und Spitzen aus Brüssel und Mecheln interessieren bei uns heute keinen Zöllner mehr, allenfalls T-Shirts und Schlafanzüge aus Hongkong oder Taiwan. Geschichte wiederholt sich ganz offensichtlich nicht. Doch das Thema Zoll bleibt für einige Überraschungen gut. ■

Heinrich Heine: Deutschland – Ein Wintermärchen
geschrieben im Januar 1844 (Auszug)

Und als ich an die Grenze kam,
Da fühlt ich ein stärkeres Klopfen
In meiner Brust, ich glaube sogar
Die Augen begunnen zu tropfen.

Während die Kleine von
Himmelslust
Getrillert und musizieret,
Ward von den preußischen Douaniers
Mein Koffer visitieret.

Beschnüffelten alles, kramten herum
In Hemden, Hosen, Schnupftüchern;
Sie suchten nach Spitzen, nach
Bijouterien,
Auch nach verbotenen Büchern.

Ihr Toren, die Ihr im Koffer sucht!
Hier werdet Ihr nichts entdecken!
Die Konterbande, die mit mir reist,
Die hab ich im Kopfe stecken.

Hier hab ich Spitzen, die feiner sind
Als die von Brüssel und Mecheln,
Und pack ich einst meine Spitzen aus,
Sie werden euch sticheln und hecheln.
Und viele Bücher trag ich im Kopf!

Ich darf es euch versichern,
Mein Kopf ist ein zwitscherndes
Vogelnest
Von konfiszierlichen Büchern.

Ein Passagier, der neben mir stand,
Bemerkte mir, ich hätte
Jetzt vor mir den preußischen
Zollverein,
Die große Douanenkette.

„Der Zollverein" – bemerkte er –
„Wird unser Volkstum begründen,
Er wird das zersplitterte Vaterland
Zu einem Ganzen verbinden.

Er gibt die äußere Einheit uns,
Die sogenannte materielle,
Die geistige Einheit gibt uns die
Zensur,
Die wahrhaft ideelle –

Sie gibt die innere Einheit uns,
Die Einheit im Denken und Sinnen;
Ein einiges Deutschland tut uns not,
Einig nach außen und innen." ■

2 5 000 Jahre Zölle und Steuern

Die Finanzgeschichtliche Sammlung der Bundesfinanzakademie in Brühl (Rheinland) erzählt die Geschichte von 5 000 Jahren Steuererhebung: von ihren ältesten Formen unter den frühen Hochkulturen in Mesopotamien und Ägypten bis hin zur wichtigsten Einnahmequelle des modernen Staates.

Steuern und Zölle sind uralte Erfindungen, deren Anfänge bis in die frühen Hochkulturen in Mesopotamien und Ägypten reichen. Hier beginnt auch der Gang durch das Museum. Bereits im 3. Jahrtausend v. Chr. gab es in Ägypten als Grundlage für die Berechnung der Rinderabgabe regelmäßig Rinderzählungen. Dazu kann der Besucher in Brühl heute den Abguss eines Reliefs aus dem Grab des Ti bewundern, der circa 2 700 v. Chr. beigesetzt wurde.

Einen wesentlichen Fortschritt erfuhr das Steuerwesen durch die Römer. Geschildert werden unter anderem die steuerlichen Verhältnisse in Palästina zur Zeit Jesu mit dem Zöllnerapostel Matthäus und dem Oberzöllner Zachäus im Maulbeerbaum. Zur Lebenszeit Jesu standen auch Teile Germaniens unter römischer Herrschaft. Einige Relikte aus dem Zollwesen jener Zeit sind erhalten: Bleiplomben aus der Mosel und die Abbildung eines Zollhäuschens auf der „Igeler Säule" in der Nähe von Trier. Mit dem Ende der Römerzeit nahmen die fränkischen und später die deutschen Könige die Zollhoheit für sich in Anspruch. Für das Mittelalter werden der seit dem 6. Jahrhundert aufkommende Zehnt, dann aber auch die drückenden Frondienste und ab dem 13. Jahrhundert die Rückkehr zu Geldsteuern dokumentiert. Das Mittelalter kannte Binnenzölle, die beim Passieren bestimmter Stellen an Land- oder Wasserwegen oder auf öffentlichen Märkten erhoben wurden. Farbenfrohe Bilder und Handschriften des 14. und 15. Jahrhunderts sowie Stiche von bedeutenden Rheinzollstationen vermitteln das mittelalterliche und frühneuzeitliche Zollwesen in Deutschland.

Mord am Begründer der Reichsfinanzverwaltung

Politiker, Reformierer und Vater der Reichsfinanzverwaltung Matthias Erzberger wurde vor über 85 Jahren ermordet. Erzberger war Mitglied der Zentrumspartei, dessen linken Flügel er führte. Als 45-jähriger Reichsfinanzminister revolutionierte er 1919/1920 die Finanzverwaltung. Er schaffte das Unglaubliche: In nur neun Monaten, mit 16 Gesetzesvorlagen führte Erzberger die Reichsfinanzreform zum Erfolg (Erzbergersche Finanzreform). Von ihren drei Teilen Steuer-, Finanzausgleichs- und Verwaltungsreform hat vor allem die letztere bis heute Auswirkungen auf die Zollverwaltung. Erzberger blickte damals auf ein Splitterbild von Landesfinanzverwaltungen: 25 Bundesstaaten waren in schönster Territorialstaatenmanier noch im Besitz der eigenen Verwaltungshoheit für die direkten und die indirekten Steuern einschließlich der Zölle. Der Reformer wollte einen reichseigenen Verwaltungskörper „vom Kopf bis zu den Gliedern" schaffen. Die Errichtung der Reichszollverwaltung war zwar schon vom Verfassungsausschuss, der die Weimarer Verfassung vorbereitete, eingeleitet worden. Erzberger aber half, den Widerstand der Länder zu durchbrechen und damit einen noch kühneren Griff zu verbinden: Nicht nur die Zölle und Verbrauchsteuern, auch die Verwaltung der Besitz- und Verkehrsteuern wurde von den Ländern auf das Reich übertragen. Die Zollverwaltung hat sich, von der Zwischenphase der Besatzungszeit abgesehen, kontinuierlich von der Erzbergerschen Reichszollverwaltung bis zur heutigen Bundeszollverwaltung entwickelt. Seit der Zeit des großen Mannes lässt sich der Gedanke der Zolleinheit auch in Hinblick auf die europäische Integration nicht mehr wegdenken.

Erzberger war nicht zuletzt auch ein Vorkämpfer der parlamentarischen Demokratie und aktiv an den Friedensverhandlungen nach Kriegsende beteiligt. Er übernahm unter anderem das undankbare Amt des Waffenstillstandkommissars. Am 26. August 1921 wurde er ermordet. An seinem Urlaubsort Bad Griesbach im Schwarzwald trafen ihn acht tödliche Revolverschüsse rechtsradikaler Offiziere. ∎

Ein rot eingebundenes Dokument aus dem Jahre 1779 mit einem prächtigen Wappen beurkundet die Erhebung eines Wiener „Hauptzollamtsobereinnehmers" in den Adelsstand. Kaiserin Maria Theresia hat eigenhändig unterschrieben. Ein Kupferstich von 1771 zeigt den Einzug einer französischen Gesellschaft, an die Friedrich der Große die Zoll- und Akziseverwaltung verpachtet hatte. Ihre Kontrolleure, die zur Überwachung des Kaffeemonopols eingesetzt waren, verspottete das Volk als „Kaffeeriecher". In Nordamerika war es der Tee, der die Berufsausübung gefährlich machte – die „Boston Tea Party" 1773 hat es gezeigt.

Der Beginn der Neuzeit ist geprägt von den vielfältigen Abgaben der Städte und zahlreicher territorialer Zollherren. Im 18. Jahrhundert beginnt die Entwicklung unseres heutigen Steuersystems mit dem Schwergewicht auf der Besteuerung des Einkommens. Eine Entwicklung, die in Preußen mit der Miquelschen Steuerreform 1891 einen vorläufigen Schlusspunkt fand. Im Ersten Weltkrieg wurde dann mit der Umsatzsteuer die heute zweitwichtigste Einnahme des Staates erfunden. Eine aus großen, drehbaren Prismen bestehende Wand ist dem Zoll im 19. und 20. Jahrhundert gewidmet. Von der Beseitigung der Binnenzölle 1800 über den Deutschen Zollverein von 1834 bis zum 1993 verwirklichten Europäischen Binnenmarkt: Hier wird ein tief greifender Wandel spürbar. Bilder, Bücher und Dokumente, zum Beispiel persönliche Urkunden aus mehreren Generationen einer „Zöllnerfamilie", veranschaulichen diese Entwicklung.

1 200 Ausstellungsstücke erwarten den Besucher: Zahlungsmittel und Geldbehältnisse, Medaillen und Münzen, vielerlei Requisiten von Steuer- oder Zollbeamten, ein Steuermahnzettel für Bismarck, Kriegsanleihen des Deutschen Reiches, alte Amtsschilder, die Gehaltsquittung eines Beamten über 204 Mrd. Mark oder Zeitungsberichte über die Erstürmung des Finanzamtes Bernkastel durch wütende Weinbauern. Zu sehen sind aber auch ein Bescheid des Finanzamts Hamburg-Altstadt vom 12. Dezember 1938 über die Judenvermögensabgabe, ein Schnellbrief des Reichsministers der Finanzen vom 14. November 1941 über die Verwertung des Vermögens deportierter Juden und weitere Dokumente über die Rolle der Finanzverwaltung im Dienste nationalsozialistischer Ideologie. Am Ende des Rundgangs können sich die Besucher mit Multimedia-Technik weitere historische Themenbereiche „aneignen" – Vergangenheit, Gegenwart und Zukunft liegen in der Finanzgeschichtlichen Sammlung dicht beieinander. (Adresse und Öffnungszeiten s. Seite 142) ∎

3 Damals, 1949, beim Zoll ...

„Damals war alles ganz anders." „Das gab es früher nicht!" Wer kennt sie nicht, die Sprüche über die gute alte Zeit. Wie aber war es vor über 55 Jahren beim Zoll? Zollamtmann a.D. Hans Hübner begann 1949 seinen Dienst an der hessisch-thüringischen Zonengrenze. Heute erinnert er sich an seine ersten Jahre bei der Zollverwaltung: „Im Sommer 1949 habe ich mich beim Hessischen Staatsministerium für den Zollgrenzdienst beworben und ich hatte Erfolg. Zunächst nahm ich an einem dreiwöchigen Dienstlehrgang in Flensburg teil. Über unsere zukünftige Tätigkeit an der Zonengrenze konnte uns allerdings keiner der Lehrer etwas sagen. Allen fehlte die Erfahrung. Nach dem Lehrgang gab es drei Tage Urlaub, und ich besuchte meine Frau in Darmstadt. Danach hieß es: ‚Dienstantritt beim Zollkommissariat Obersuhl, Dienstort Kleinensee'.

In Obersuhl angekommen, nahm uns unser künftiger Aufsichtsbeamter in Empfang. Da der offizielle Weg zu unserem Dienstort Kleinensee über die Berge eine Stunde gedauert hätte, zeigte er uns eine Abkürzung durch die sowjetisch besetzte Zone. Trotz der Dunkelheit hatten wir, beladen mit Koffern und Pappkartons, ein mulmiges Gefühl und waren alle froh, als endlich die Lichter von Kleinensee auftauchten. Kleinensee liegt am nördlichsten Punkt eines schmalen hessischen Geländekeils, der sich von Süden her in einen thüringischen Gebietszipfel bohrt. Die Nachbargemeinde Großensee lag 300 Meter entfernt in Thüringen jenseits der Zonengrenze. Damals führten sämtliche Verkehrsverbindungen von und nach Kleinensee über Großensee. Bis zum Bau einer neuen Straße war unsere Dienststelle deshalb von der Bundesrepublik so gut wie abgeschnitten. Als Quartier wies man uns in Kleinensee den Saal der Dorfwirtschaft zu. Hier standen für jeden von uns ein Feldbett mit einem Strohsack als Matratze und zwei Decken bereit. Schränke oder Spinde gab es nicht. Einzige Waschgelegenheit war der Wasserhahn im Hof.

Die Dorfjugend schien von unserer Ankunft nur wenig begeistert, denn sie warf Steine durchs immerhin offene Fenster. Es stellte sich heraus, dass wir auch den übrigen Einheimischen ein Dorn im Auge waren. Nach Flüchtlingen, Kartoffelkäfern und Wildschweinen hielten sie uns erst für die vierte Landplage, später dann nur noch für Faulenzer. In dem Maße, wie wir uns kennen lernten, verbesserte sich aber unser Verhältnis. Drei Wochen nach unserer Ankunft mussten wir unser heimeliges Quartier in der Wirtschaft wieder räumen. Im Dorf stand ein großes Fest bevor: die Kirmes. Wo aber sollten wir hin? Der Bürgermeister fand schließlich einen Ausweg. Er besorgte uns einen alten Lagerschuppen mit kleinem Anbau. Von da an war der Schuppen unser Schlafsaal, der Anbau das Dienstzimmer. Wenn ich im Bett lag, konnte ich durch die Ritzen der Ziegel den Himmel sehen. So merkte ich auch im Schlaf, ob es regnete. Komfortabel waren unsere Räumlichkeiten insofern, als der Dienstkasten gleich im Schlafsaal hing.

Unsere dienstliche Aufgabe bestand nicht in der Schmuggelbekämpfung, sondern darin, das „verbotene Verbringen von Waren" in die Bundesrepublik Deutschland zu verhindern. Meist ging es dabei um Glaswaren und andere Dinge, die in der Ostzone billiger waren als bei uns. Einmal habe ich vier Ferkel sichergestellt, ein anderes Mal eine Wagenladung mit einem kompletten Dachstuhl. Die ersten Wochen streiften wir in Zivil durchs Gelände. Ordentliche, wetterfeste Kleidung besaßen weder meine Kollegen noch ich. Daran änderte sich auch bei Regen und winterlichem Wetter nichts. Immerhin, in unserem Schlafsaal stand ein großer Ofen. Dort trockneten wir in unserer Freizeit die nassen Sachen. Die Besoldung war wie die Lebensbedingungen bescheiden. 161 Mark netto war unser Monatslohn. Als Verheirateter bekam ich zusätzlich noch eine Trennungsentschädigung von 3,50 pro Tag minus eine Mark Abzug für häusliche Ersparnisse.

Am 26. Mai 1952 erschienen frühmorgens fünf Traktoren. Sie pflügten entlang der Demarkationslinie einen zehn Meter breiten Streifen um. So entstand der Todesstreifen. In der folgenden Nacht nutzten viele Bewohner die letzte Gelegenheit und flohen mit ihrer beweglichen Habe nach Kleinensee. Im August 1952 wurden endlich zwei Zollhäuser mit sechs Wohnungen gebaut. Eine davon bekam ich. Von da an konnte ich wieder mit meiner Frau zusammenleben. Zwei Jahre später wurde ich als Aufsichtsführender Beamter zur Grenzaufsichtsstelle Röhrighof versetzt. Meine Zeit in Kleinensee war damit zu Ende." ■

4 Vom Taler zum Euro

Was hat der Deutsche Zollverein mit dem Euro zu tun? Als am 1. Januar 1999 die Europäische Währungsunion startete und drei Jahre später die Ausgabe des Euro erfolgte, dachten nicht nur Zöllnerinnen und Zöllner an den Vereinstaler. Ob man ein Pfund Kartoffeln in München oder Hamburg kauft, spielt heute kaum eine Rolle. Ein Pfund ist ein Pfund, und ein Euro ist ein Euro. Vor rund 180 Jahren sah das noch anders aus: Deutschland bestand aus 39 verschiedenen Territorien: Jedes einzelne war von Zollgrenzen umgeben, fast alle hatten ein eigenes Geldsystem sowie unterschiedliche Maß- und Gewichtseinheiten.

Der Deutsche Zollverein, im Jahr 1834 gegründet, beendete diese Uneinheit: Deutschland sollte in der Entwicklung zum Industriestaat nicht mehr behindert werden. Dabei beschränkte sich der Deutsche Zollverein nicht darauf, die innerdeutschen Grenzen aufzuheben. Viel wichtiger war ihm, eine einheitliche Währung zu schaffen – immerhin existierten zu dieser Zeit mehr als 100 verschiedene Münzsysteme. Durch die vom Zollverein eingeleiteten Münzverträge von Dresden 1838 und Wien 1857 wurde der Vereinstaler als gesamtdeutsches Zahlungsmittel eingeführt. Im Jahr 1871 konnte dann auf die Mark umgestellt werden. Der Deutsche Zollverein schuf zudem einheitliche Maße und Gewichte

Über Bierfehden und -kriege

Davon, dass sich Steuerpflichtige auch unter autokratischer Herrschaft manchmal erfolgreich gegen ein Übermaß an Besteuerung wehren konnten, zeugen
die Hildesheimer Bierfehde und der Breslauer Bierkrieg. Im Jahr 1481 benötigte
der Hildesheimer Bischof Barthold II. dringend Geld und gedachte, seine Finanzen durch die Einführung einer Biersteuer aufzubessern. Diese wurde auf drei
Lübecker Schilling je Bierfass festgesetzt. Gleichzeitig
waren die bischöflichen Finanzbeamten so raffiniert, den Brauern künftig erheblich kleinere als
die traditionell verwendeten Fässer vorzuschreiben. Die Stadt, in der es damals immerhin 350 Brauer gab, verweigerte die neue
Steuer und leistete gegen alle Beitrei-
bungsversuche erbitterten Widerstand.
Dabei hatte sie – naturgemäß – die Sym-
pathien der benachbarten Städte auf ihrer
Seite. Diese solidarisierten sich mit den
Hildesheimern und bewogen den Bischof
schließlich nachzugeben. Die Steuer wurde
abgeschafft und das alte Fassmaß wieder hergestellt. Ganz ungeschoren kamen die Hildesheimer aber nicht davon, denn aufgrund des aus-
gehandelten Vergleichs mussten sie sich für die Nach-
giebigkeit Bartholds mit einer einmaligen Zahlung von 3 000 Gulden erkennt-
lich zeigen. Genau umgekehrt verliefen die Fronten 100 Jahre früher im
Breslauer Bierkrieg, aber auch hier obsiegte letztendlich der Steuerpflichtige.
1381 stoppte die Stadt Breslau plötzlich die abgabenfreie Durchfuhr des wohl-
schmeckenden Schweidnitzer Bieres auf die Dominsel und verlangte ab sofort
Zoll dafür. Dies erboste den dort ansässigen Bischof so sehr, dass er das Dom-
kapitel nach Neisse verlegte und über Breslau ein Interdikt verhängte, woraufhin dort sämtliche kirchlichen Leistungen eingestellt wurden. König Wenzel
hielt den Breslauern die Stange und gab, nachdem auch ihm die Messe verwei-
gert worden war, seinen Soldaten den Befehl zur Plünderung der Dominsel.
Nachher kamen alle wieder zur Vernunft. Die Domherren schworen dem König
Gehorsam, und die Stadt ließ das Bier für sie künftig zollfrei passieren. ■

und förderte das Eisenbahn- und Postwesen. Der Deutsche Zollverein also als
wichtiger Motor für die Wirtschaftsentwicklung in Deutschland. Er war aber
auch Vorbild für die Entwicklung zur Einheitswährung in Europa.

Heute wie gestern wird Stabilität groß geschrieben: Wo die Münzkonventionen von 1838 und 1857 Größe, Gewicht, Feingehalt und Auflage der Vereinstaler
festlegten, schrieb der Maastrichter Vertrag die Konvergenzkriterien als Bedin-
gung zur Teilnahme an der Europawährung und die Europäische Zentralbank
als Wächterin vor. Die nationalen Währungen bestanden für eine Übergangs-
zeit neben dem Euro. Auch der Vereinstaler hatte ursprünglich nur eine Über-
brückungsfunktion. Die einzelnen Währungen der deutschen Territorialstaaten
blieben zunächst erhalten. Sie wurden – wie es auch 1999 der Fall war – in
ein festes Umrechnungsverhältnis zum Vereinstaler gesetzt und verschwanden
dann allmählich aus dem Zahlungsverkehr. Eine weitere Parallele: Nicht alle
Staaten beteiligten sich gleich zu Beginn an den Münzkonventionen, in der EU
gibt es zunächst „ins" und „outs". Und nicht zuletzt: Wie der Zollverein hat sich
auch die EU den wirtschaftlichen Aufschwung auf die Fahnen geschrieben. ■

5 Als in Nördlingen noch Pflasterzoll erhoben wurde

Vor rund 70 Jahren wurde in Nördlingen zum letzten Mal Pflasterzoll erhoben. An den fünf Stadttoren walteten damals Pflasterzöllner ihres Amtes und ließen jeden, der mit Pferd und Wagen in die Stadt wollte, bezahlen. Fanni Greiner, die inzwischen verstorbene Tochter des Zolleinnehmers am Baldinger Tor in Nördlingen, erinnerte sich 1997 noch lebhaft an die Zollstelle ihres Vaters. „Ich bin 1913 geboren. Mein Vater hat 1918 die ‚Zollstelle' am Baldinger Tor von der Stadt gepachtet. Er war schwerkriegsgeschädigt heimgekehrt. Die Rentenversorgung war damals noch nicht geregelt. Die Einnahmen

aus dem Pflasterzoll waren unser einziger Unterhalt. Alle fünf Tore waren mit solchen Kriegsversehrten besetzt. Mit dem Umbau des Baldinger Tores 1936 wurde auch an allen anderen Toren der Pflasterzoll aufgehoben. Mein Vater hatte einen Pachtvertrag mit der Stadt geschlossen. Er musste monatlich vielleicht 15 oder 20 Mark bezahlen. Dafür gehörte ihm alles, was er am Tor kassierte. Da hat man natürlich aufgepasst: Umsonst durfte keiner durch. Ausgenommen waren lediglich die Nördlinger Bürger und damit auch alle Nördlinger Landwirte.

Die rund hundert Bauern, die innerhalb und außerhalb der Stadtmauer ihre Landwirtschaft betrieben und die oft mehrmals am Tag durchs Tor auf ihre Felder und Wiesen fuhren, die hat man alle gekannt. Die Gebühren für die Auswärtigen waren auch für die damalige Zeit niedrig: Eine Kuh hat ein Zehnerle gekostet, ein Pferd 15 Pfennige, und sogar für ein Handwägele mussten zwei Pfennig bezahlt werden. Auch ein Schäfer musste Zoll zahlen, vielleicht zwei Pfennig für ein Schaf. Das hat man dann geschätzt: 100, 150 oder 200 Schafe. Wenn ein Zirkus kam – der musste ja durchs Tor zur Kaiserwiese –, erhielten wir

 eine Anzahl Freikarten. Ein Pferdefuhrwerk hat so viel gekostet, wie Pferde oder Kühe vorgespannt waren, ein Wagen mit zwei Pferden also 30 Pfennig.

Der Fürst von Wallerstein ist freilich oft gekommen. Der durfte gratis durchfahren. Von dem haben wir dafür jährlich neun Ster bekommen. Damit war der Pflasterzoll abgegolten. Ein Bauer von Baldingen hat uns das Holz ‚geführt‘, das heißt aus dem fürstlichen Wald geholt. Auch der hatte freie Fahrt. Dann war da noch der Brenner von Bopfingen. Von dem bekamen wir Getränke. Von Zeit zu Zeit sagte er zu meinem Vater: „Herr Thum, da bekommen Sie wieder ein Danziger Goldwasser." Der durfte auch immer so durch. Ebenso die Frau Hölzlein aus Baldingen. Sie war Milchfrau und kam jeden Tag mit ihrem Handwägele. Sie brachte uns die Milch, da hat man immer abgerechnet. Wenn jemand mehrmals am Tag durchfahren musste und am selben Tag zurückfuhr, so bekam er wie die anderen auch ein Zettelchen, das aussah wie eine Fahrkarte. Die haben die Bauern immer an den Hut gesteckt. Wir hatten das Datum draufgestempelt, und so hatten sie auch an den anderen Toren freie Durchfahrt. Solche „Billettle" hat mein Vater bei Rollwagen, einem Buchbinder in der Baldinger Straße, drucken und herausstanzen lassen. Es kam eigentlich nie vor, dass jemand nicht bezahlt hat oder nicht bezahlen wollte.

Im Winter, wenn die Bauern aus dem Ries schon früh um vier oder fünf Uhr ins Holz gefahren sind, mussten wir bald aufstehen. Auf die Straße hinaus sind wir aber nicht. Die Fuhrleute kamen an das Fenster im Tor. Dort war ein Schalter. Damit Schlittengespanne durchfahren konnten, musste die Stadt Schnee in die Tordurchfahrten schaufeln lassen. Im Sommer saßen wir bei schönem Wetter auf einer Bank vor dem Tor. Da gab es oft eine gute Unterhaltung, denn die Fuhrleute wussten immer was zu berichten. Nicht selten kam auch die Bubs Regin dazu. Sie hatte vor dem Tor einen Kiosk und ist den älteren Nördlingern noch in Erinnerung. Das war ein Original. Ihre Schlagfertigkeit und ihr schallendes Lachen waren stadtbekannt. Als ihr Kiosk nach Abschluss der Baumaßnahmen auf der anderen Seite beim Aufgang zum Bäumlesgraben neu errichtet wurde, erschien in unserer Tageszeitung ein vor ihr verfasstes Gedicht. Die letzten beiden Zeilen lauteten: ‚ ...Beehret mich auch weiterhin! Es grüßt Euch Eure Bubs Regin.‘ " ■

6 Pecunia non olet

„Non olet" (Es stinkt nicht), soll Titus, dem man später einen Triumphbogen errichtete, seinem Vater Vespasian (9 – 79 n. Chr.), dem Erbauer des Kolosseums, geantwortet haben, als dieser ihn an einigen ganz gewöhnlichen Münzen riechen ließ. „Und doch stammt es vom Urin", entgegnete der alte Fuchs, der seinem Filius eine Lehre erteilen wollte. Titus hatte seinem alten Herrn nämlich Vorwürfe gemacht, weil der die Latrinen Roms angeblich mit einer Steuer belegt haben sollte. Diese Anekdote wird stets dann mit einer gewissen Genüsslichkeit zum Besten gegeben, wenn man andeuten möchte, dass dem Erfindungsreichtum und der Skrupellosigkeit eines verzweifelten Finanzpolitikers kaum Grenzen gesetzt sind.

Ein Zöllner von heute, der bei der Erhebung von Verbrauchsteuern grau und alt geworden ist, muss bei dieser Geschichte zweifelnd die Stirne runzeln. Wie soll man eine in aller Regel kostenlos für die Allgemeinheit bereitstehende Latrine, deren Stifter meist sogar die öffentliche Hand ist, mit einer Steuer belegen? Schon den Tatbestand zu formulieren, an den das Gesetz die Leistungspflicht knüpft, bereitet ein gewisses Kopfzerbrechen. Von den Schwierigkeiten, die Höhe der Steuerschuld festzustellen oder einen Steuerpflichtigen zu finden, ganz zu schweigen. Den flüchtigen Benutzer heranzuziehen wäre problematisch, weil dies Benutzungstarife und Steuereinnehmer erfordern würde und die Verwaltungskosten dann den Ertrag der neuen Steuer leicht übersteigen könnten. Dies kann im alten Rom nicht anders gewesen sein als heute. *Latrinae publicae*, also öffentliche Latrinen, gab es an jeder Straßenecke. Diese Einrichtungen reichten von der schlichten Amphore, der man im Hinblick auf die auch heute noch von Hausfrauen oft beklagte Zielungenauigkeit der Männer den Hals abgeschlagen hatte, bis zur Komfortlatrine, die aus drei Wänden bestand, in deren Schutz eine hufeisenförmige Marmorbank mit angemessenen Ausspa-rungen zum Verweilen einlud. Mehr als 20 solcher nebeneinander liegender und keineswegs durch Schamwände getrennter Sitzgelegenheiten machten eine öffentliche Bedürfnisanstalt zu einem Ort der Geselligkeit und des launi-gen Gespräches. Das macht deutlich, warum sich eine Neuigkeit schon im alten Rom am schnellsten als Latrinenparole verbreitete. Wer bei all dem die Nase rümpft, sollte bedenken, dass ein geschäftig unter den Sitzen dahinplätschern-des Bächlein für den sofortigen Abtransport möglicher Geruchsbelästiger sorg-te und eine erfrischende Atmosphäre schuf.

Es fällt schwer zu glauben, dass sich derartige Latrinen für Vespasian in sprudelnde Steuerquellen verwandelt haben sollten. Denn die von jedem Steu-erpolitiker gefürchtete Möglichkeit, eine Steuer zu umgehen, lag ja buchstäb-lich auf der Straße. Viele Römer ersparten sich ohnehin schon allzu oft den Gang bis zur nächsten Latrine und erledigten ihr Geschäft einfach am Weges-rand. Den Fehler, diese immer wieder auf das schärfste angeprangerte Unsitte noch zu verschlimmern, dürfte ein so weiser Staatsmann wie Vespasian nicht begangen haben. Immerhin hat er die römischen Staatsfinanzen saniert. Das wäre ihm aber gewiss nicht gelungen, wenn er versucht hätte, aus den Latrinen Roms Steuern zu pressen. Nein, Vespasian hatte eine echte Verbrauchsteuer erfunden (Sueton, *Vespasian* 23. 3). Eine Steuer auf den Verbrauch von Urin. Hier mag der Leser stutzen, vielleicht sogar lachen. Wer verbraucht denn Urin in solchen Mengen, dass eine Besteuerung lohnt? Des Rätsels Lösung: Urin war damals ein teurer Rohstoff, der von Gerbereien heiß begehrt wurde. Die darin enthaltene Harnsäure und einige andere Ingredienzien machten jede Tierhaut haltbar und geschmeidig. Deshalb waren es auch die Gerber, die an allen Stra-ßenecken Sammelgefäße aufstellten, um den wertvollen Werkstoff möglichst kostengünstig zu erhalten. Die Erhebung einer Steuer ist nun, da man statt ei-ner Latrine den Gerber beim Wickel hat, ein Kinderspiel. Steuergegenstand, Steuerschuldner, Steuerhöhe, Buchführungspflichten – all das lässt sich nun leicht und zuverlässig bestimmen. Muss einem Finanzminister, der heute um Subventionen für nachwachsende Rohstoffe angegangen wird, angesichts die-ser Möglichkeit nicht das Wasser im Munde zusammenlaufen? Es ist geradezu ärgerlich, dass heute kein Gerber mehr sein Leder mit Urin veredelt. Gepinkelt wird ja noch immer. ■

Nacht-Hor-heb – der kopflose Zollchef

Es war einmal ein ägyptischer Zollchef um 550 v. Chr. Er hieß Nacht-Hor-heb („Stark ist der Gott Horus beim Fest") und war so mächtig, dass er in einer Statue verewigt wurde. Der Kopf dieser Statue befand sich – unerkannt – seit Anfang des 19. Jahrhunderts im Ägyptischen Museum zu Berlin. Dort wurde er trotz seiner hohen künstlerischen Qualität kaum beachtet und 1985 schließlich in das Magazin des Museums verbannt. Erst im Jahr 1995 endete der Dornröschenschlaf des Kopfes abrupt.

Einem belgischen Experten auf dem Gebiet der ägyptischen Spätzeit war bereits Jahrzehnte zuvor aufgefallen, dass auf der Hinterseite des Kopfes eine Hieroglyphen-Inschrift beginnt. In einem Katalog des Londoner Auktionshauses Christie's entdeckte er nun Fotos einer Statue, auf deren Rückseite sich diese Zeichen fortsetzten. Der Ägyptologe benachrichtigte sofort den Direktor des Berliner Museums. Ein eiliger Vergleich der Fotos von Christie's mit denen des Berliner Museums bestätigte, dass die beiden Stücke zusammengehören. Daraufhin ersteigerten die Berliner den Körper zu ihrem Kopf. Über 2 000 Jahre nachdem der steinerne Zollchef geschaffen wurde, fand so seine sensationelle Wiedervereinigung im Ägyptischen Museum in Berlin statt. Der zusammengesetzte hieroglyphische Text auf der Rückseite des Kunstwerks brachte die Biografie von Nacht-Hor-heb zum Vorschein: Als Direktor der ägyptischen Zollbehörden um 550 v. Chr. kontrollierte er in der damaligen ägyptischen Hauptstadt Sais im Nildelta den gesamten Im- und Export des Landes. Der eine Zeit lang „kopflose" Zöllner ist in seiner Statue kniend dargestellt und hält einen Götterschrein. Aus welchem Grund er bereits in der Antike enthauptet wurde, ist unklar. Dass der Kopf gewaltsam vom Rumpf getrennt wurde, beweisen jedoch die noch deutlich erkennbaren Hammerspuren. ▪

7 Hans Ried – Zöllner und Literat

**Germanisten kennen ihn als Verfasser des „Heldenbuchs von der Etsch".
Unter Zöllnern ist Hans Ried kein Prominenter, ist es doch rund 500 Jahre
her, dass er beim Zollamt Bozen als Zollschreiber Dienst tat.** In der Literatur-
wissenschaft ist Hans Ried eine feste Größe. Er hat die Deutschen Heldenlieder,
deren Niederschriften auf Südtiroler Schlössern aufbewahrt wurden, zusam-
mengetragen und daraus im Auftrag seines Kaisers Maximilian I. von eigener
Hand ein Buch gefertigt. Das „Heldenbuch von der Etsch", nach seinem Aufbe-
wahrungsort auf Schloss Ambras auch als „Ambraser Heldenbuch" bezeichnet,
wird nicht nur wegen seiner prächtigen Kalligrafie gerühmt. Ihm verdanken
wir unter anderem den ältesten schriftlich erhaltenen Wortlaut des Gudrun-
liedes und der Lieder über Dietrich von Bern. Beide Werke gehören neben dem
Nibelungenlied zu den bedeutenden Beispielen germanischer Dichtung.

Hans Ried hat es aber auch aus zöllnerischer Sicht verdient, dass wir uns seiner erinnern. Er hat sich nämlich im Jahre 1506 schriftlich beklagt oder remons-
triert, wie das moderne Beamtenrecht sagt. Unser literarisch interessierter Kollege schildert in seiner Eingabe plastisch, wie sehr die Zöllner unter Spott, Be-
leidigungen und sogar Gewalttätigkeiten zu leiden hatten. Der Abfertigungs-
dienst sei wegen der ewigen Streitereien über die Höhe des Zolls und des nie
enden wollenden Zwangs, den Schmuggel bekämpfen zu müssen, äußerst auf-
reibend, schreibt Hans Ried sinngemäß. Er war so verbittert, dass er um Ablösung und Übertragung eines anderen Auftrags für seinen Kaiser bat. Eine Antwort ist uns nicht bekannt. Vermutlich hat man ihn vom Dienst freigestellt, damit er in Muße sein Heldenbuch verfassen konnte.

Dann hätte Hans Ried Glück gehabt. Seine Kollegen mussten weiterhin ihren harten Beruf ausüben. Hans Rieds Klage war berechtigt: Stellung und Tätigkeit des Zöllners provozierten im Mittelalter zwangsläufig Anfeindungen aller
Art. Der Zolleintreiber war ja auch – anders als heute – nicht nur Funktions-
träger in einem System, das durch Gesetze und Bestimmungen bis ins Detail
geregelt ist. Der Versuch, ihn als den zu beeinflussen, der vor Ort war, machte
durchaus Sinn. Gegen gewalttätige Formen der Einflussnahme sorgte die Obrigkeit allerdings vor. So lautete etwa Artikel VIII Nr. 36 der Tiroler Landesordnung von 1532: „Wer unsere Zöllner, Diener und Amtleute in ihren Diensten
und Geschäften, so sie aus unserem Befehl ausrichten müssen, mit Gewalt ver-

hindern, zu schmä-
hen oder Frevel-
hand an sie legen,
sich unterstünde,
soll nach Gelegen-
heit der Sache an
Leib und Gut be-
straft werden."

Wer jetzt
glaubt, die Zöll-
ner wären damals
immer nur Opfer
gewesen, hat ei-
nen falschen Ein-
druck erhalten.
Übergriffe gegen
Spediteure und
Kaufleute dürften
keine Seltenheit
gewesen sein.
Warum sonst hät-
te eine Dienstan-

weisung aus dem 15. Jahrhundert die Tiroler Zöllner ermahnen sollen, „die
Leute nicht über Gebühr der Zollordnung zu bedrängen und zu beschweren
und auch nicht den Gang der Frachten unnötig aufzuhalten." Dem gingen
Klagen voraus, wie sie bereits aus dem Jahre 1312 belegt sind. Danach gab der
Mautner von Imst an der Fernsteiner Klause die Fahrt nur dem frei, der sich seinen ungerechtfertigten Forderungen fügte. Auch ließ er Fuhrwerke gerne mal
einen halben Tag lang warten. Ähnliche Unregelmäßigkeiten dürfte es an vielen Zollämtern gegeben haben. Bemerkenswert erscheint deshalb ein Passus im
Dienstvertrag der Zöllner der Grafschaft Sayn-Wittgenstein-Hohenstein. Diese
wurden verpflichtet, „allen Passanten höflich und bescheiden zu begegnen, sie
schnell abzufertigen und über alles deutlich zu unterrichten, damit die Leute
das Land gern passieren, nicht aber durch schlechte Behandlung das Land zu
umgehen suchten zum Schaden des ganzen Landes." Offensichtlich war der
Verfasser dieser Anweisung ein modern denkender Verwaltungspraktiker, der
die „Servicefunktion" des Zolls für die Wirtschaft bereits klar erkannt hatte.
Seinen Worten ist aus heutiger Sicht nichts hinzuzufügen. ■

8 Naturschutz – Jeden Tag sterben 150 Arten aus

Tier- und Umweltschutzverbände schätzen, dass täglich etwa 150 Arten von unserem Planeten für immer verschwinden. Das Artensterben hat vielseitige Gründe. Skrupellose Schmuggler und Händler, die mit dem Raubbau an der Natur Geschäfte machen, sind einer von ihnen. Doch auch die unüberlegte Mitnahme von Souvenirs aus exotischen Ländern trägt zur Gefährdung des kostbaren Bestands bei. Als im November 2004 sieben geschmuggelte Mona-Meerkatzen nach einem dreieinhalbjährigen Aufenthalt in Deutschland von Frankfurt am Main aus die Heimreise nach Afrika antraten, war das ein Glücksfall. Die Affen, die eine Nigerianerin 2001 zusammen mit drei weiteren Artgenossen und 52 artgeschützten Papageien nach Deutschland schmuggeln wollte, entgingen durch den Aufgriff des Zolls nur knapp dem Tod. Die Papageien und ein Affe waren auf der Reise bereits verendet, zwei weitere Tiere starben kurz darauf.

Der Zoll trägt in erheblichem Umfang zum Schutz bedrohter Pflanzen und Tierarten bei. Zierfische in Vasen, Papageien in Chipsdosen, große Mengen

geschützter Korallen zu Schmuck verarbeitet: Allein im Jahr 2004 hat der deutsche Zoll in über 1 100 Fällen rund 37 000 geschützte Tiere und Pflanzen bzw. daraus hergestellte Objekte sichergestellt. Seltene Tiere und Pflanzen werden zu luxuriösen Gebrauchsgegenständen, zu billigen Souvenirs oder traditionellen Heilmitteln verarbeitet und finden großen Absatz. Exotische Haustiere sind gefragt. Auf der „Roten Liste der bedrohten Arten", die von der Weltnaturschutz-union IUCN herausgegeben wird, stehen aktuell 15 589 bedrohte Tier- und Pflanzen-arten. Der WWF schätzt, dass jährlich Tiere und Pflanzen aus der Wildnis im Wert von rund 160 Mrd. Euro den Be-sitzer wechseln. Gut ausge-baute, international operie-rende Schmugglerorgani-sationen erzielen zum Bei-spiel für Greifvögel Schwarz-marktpreise bis zu 50 000 Euro pro Stück. Je seltener, desto begehrter!

Dem Ausverkauf der Na-tur und ihrer weltweiten Zer-störung kann nur durch eine enge Zusammenarbeit aller Staaten wirksam begegnet werden. Deshalb wurde 1973 das „Übereinkommen über den internationalen Handel mit gefährdeten Arten frei lebender Tiere und Pflanzen", das so genannte „Washingtoner Ar-tenschutzübereinkommen" (WA), beschlossen. Ziel des Übereinkommens ist es, die frei lebenden Tiere und Pflanzen in ihrer Vielfalt als unersetzlichen Bestandteil des natürlichen Systems der Erde zu schützen und den Handel damit einzuschränken. Entsprechend der Gefährdung sind im WA rund 8 000 Tierarten und 40 000 Pflanzenarten aufgeführt. Alle zwei Jahre findet eine Konferenz der Vertragsstaaten statt, bei der die Liste überprüft und aufgrund wissenschaftlicher Untersuchungen, wenn nötig, verändert wird. 2004 wurde bei der Vertragsstaatenkonferenz in Bangkok zum Beispiel der weiße Hai neu unter den Schutz des WA gestellt.

Neben dem WA gibt es EG-Regelungen wie die Vogelschutzrichtlinie und nationale Regelungen, etwa die Bundesartenschutzverordnung oder das Bun-desnaturschutzgesetz, welche die Ein- und Ausfuhr von Tieren zum Teil stren-ger regeln als im WA vorgesehen. In letzter Zeit setzen Regierungen und Ver-bände zudem verstärkt auf Aufklärung der Öffentlichkeit, damit Königstiger und Co. nicht für immer vom blauen Planeten verschwinden. ■

Wer oder was ist ein Baumhüter?

Das Rätsel ist schon keines mehr, wenn man weiß, dass der Schlagbaum in der Frühzeit des Wegezolls in Deutschland neben Barriere, Schlag oder Schneller auch als „Baum" bezeichnet wurde. Wer eine Zollstätte und damit einen Schlagbaum passieren wollte, der musste „durch den Baum gehen". Deshalb sprach man von manchem Zollamt auch einfach nur als „Baumhaus" oder etwas bescheidener als „Baumkathe" und die Wegezollstelle an der Bille hieß dementsprechend „Billbaum". Nachdem dies bekannt ist, überrascht es auch nicht weiter, dass an solchen Bäumen ein Baumgeld zu entrichten war, das vom Baumschließer oder aber auch vom Baumhüter erhoben wurde. Eine Variante der uns bekannten herabsenkbaren Sperrschranke war die Zollkette: Als Zoll- oder Pass-Sperre konnte die Markierung des Grenzübergangs aus Ketten oder Seilen bestehen, oder auch aus Balken, die mit Ringen verbunden waren und mit eisernen Ketten über den Fluss gespannt wurden. Dabei wurde die Zollkette auch schon mal missbraucht: Der eine oder andere Raubzoll wurde mit dieser Methode erfolgreich erpresst. Hölzerne Gittertore an Stadttoren und Schlagbäume an den Zufahrtsstraßen zum Markt, die der Erhebung vom Marktzoll dienten, hießen Grindel, Grendel oder Grindelbaum. ■

9 List und Elch – Wegbereiter des Deutschen Zollvereins

In den ersten Jahrzehnten des 19. Jahrhunderts war Deutschland noch von 38 Zoll- und Mautgrenzen durchzogen. Wer von Berlin in die Schweiz reisen wollte, musste zehnmal Durchgangszölle entrichten. Diese Zustände hatten verheerende Folgen für die Wirtschaft. Nach dem Ende der napoleonischen Herrschaft in Europa spitzte sich die Lage zu: England warf jene Erzeugnisse, die sich dort während der Kontinentalsperre in großen Mengen angesammelt hatten, zu Niedrigstpreisen auf den europäischen Markt. Das Land selbst schützte seine Wirtschaft durch hohe Zölle vor der unliebsamen Konkurrenz vom Festland. Nur in sich geeinte Staaten, wie etwa Frankreich oder Russland, konnten ihre Wirtschaft gegenüber dieser englischen Offensive schützen. Die zahlreichen deutschen Kleinstaaten waren dazu nicht in der Lage. Die Auswirkungen dieser Zustände auf die deutsche Wirtschaft schildert der Münchener Universitätsprofessor Michael Doeberl am Beispiel der Stadt Kaufbeuren so:

„Eine ehemalige Bevölkerung von mehr als 5 000 Seelen hat sich auf weniger als 4 000 Seelen reduziert, leere Werkstätten und Wohngemächer, welche umsonst zum Spottpreis von 50 Gulden feilgeboten werden, Häuser, dem Einsturz drohend, große Anzahl verarmter Spinner, Weber und Fabrikarbeiter, häufig Ganten (Versteigerungen) und dagegen verhältnismäßig zu geringe Anzahl steuerfähiger Bürger sind die traurigen Resultate."

Um dieser Notlage entgegenzutreten, schlossen sich die im Jahre 1819 auf der Ostermesse in Frankfurt am Main versammelten Kaufleute zum „Deutschen Handels- und Gewerbeverein" zusammen. Einer dieser Kaufleute war Johann Melchior Elch, der ein umfangreiches Schriftstück mitgebracht hatte, in dem er unter anderem die allgemeine Beseitigung der innerdeutschen Zollgrenzen und deren Verlegung an eine gemeinsame Außengrenze forderte. Elch fand für seine Sache zahlreiche Mitstreiter in der Kaufmannschaft, die ihre Unterschrift gaben. Das Dokument wurde einem weiteren Gründungsmitglied, dem Tübinger Professor der Staatspraxis

Friedrich List, zur „Stilisierung" übergeben. List sollte aus dem Elch-Papier eine geeignete Bittschrift verfassen. Diese wurde am 14. April 1819 dem Frankfurter Bundestag überreicht.

Friedrich List, der sich 1846 das Leben nahm, hatte als Wissenschaftler und Politiker ein wechselvolles Leben. Wegen seiner radikal-liberalen Haltung verlor er seine Professur in Tübingen und wurde zu Festungshaft verurteilt. Er emigrierte in die USA, wo er sich als Farmer, Redakteur, Kohlegrubenbesitzer und Gründer von Eisenbahn- und Kanalgesellschaften betätigte. Im Wahlkampf für A. Jackson (1828) erlangte er große Popularität. Ab 1830 war er im konsularischen Dienst der USA in Europa tätig – unter anderem in Baden und Leipzig. Neben seiner wissenschaftlichen und politischen Tätigkeit ist er als Vorkämpfer für den Eisenbahnausbau in Deutschland und nicht zuletzt als Verfechter des Deutschen Zollvereins bekannt.

Der „Deutsche Handels- und Gewerbeverein" aber, in dem sich das Wirken von List und Elch so fruchtbar ergänzt hatte, überlebte nicht lange. Obwohl ein Verzeichnis von 1822 noch 130 mittel- und süddeutsche Städte als Mitglieder des „Deutschen Handels- und Gewerbevereins" auswies, machten ihm die gegensätzlichen Interessen der betroffenen Kleinstaaten, die Angst der Landesherren vor Umsturz und Souveränitätsverlust und der befürchtete Ausfall an Zöllen das Leben schwer. Bereits ab 1821 begann der Zerfall. Da nutzte es auch nicht, dass Elch bis zum bitteren Ende für den Erhalt des Vereins kämpfte. Schließlich löste sich dieser auf.

Der Gedanke, der der Gründung des Gewerbevereins zugrunde lag, blieb jedoch lebendig. Schon 1828 entstand der Bayerisch-Württembergische Zollverein, der dann zum Vorbild für den 1833 gegründeten Allgemeinen Deutschen Zollverein wurde. Die Bedeutung des Deutschen Zollvereins für die wirtschaftliche und politische Entwicklung in Deutschland kann kaum hoch genug eingeschätzt werden. Für Johann Melchior Elch war mit der Verwirklichung seiner zunächst umstrittenen Ideen sicher ein Lebenstraum in Erfüllung gegangen. Während Lists Name noch heute ein Begriff ist, fiel Elchs Beitrag am Zustandekommen der Zollunion jedoch bald in Vergessenheit und dürfte sogar der geschichtsinteressierten Öffentlichkeit heute weitgehend unbekannt sein. ■

10 Grenzaufsichtsdienst im schwedischen Winter

Der deutsche Zöllner Ralf Schemenauer hat 1997 im Rahmen eines Austauschprogrammes die Arbeit des schwedischen Grenzaufsichtsdienstes in seiner ganzen Bandbreite kennen gelernt. Ein Tag seines mehrwöchigen Aufenthalts in Schweden ist ihm in besonderer Erinnerung geblieben. „Heute ist Dienstag, der 8. April 1997. Auf dem Dienstplan steht eine Streifenfahrt mit dem Schneemobil. Meine schwedischen Kollegen und ich bereiten uns sorgfältig auf den Einsatz vor: Landkarten, Handy, Spaten, ein gut gefüllter Reservekanister und Verpflegung sind die wichtigsten Ausrüstungsgegenstände. Dann ziehen wir wasserdichte Spezialanzüge an und setzen die Helme auf. Fast fühle ich mich wie ein Astronaut. Der Helmfunk wird eingeschaltet und das Satellitennavigationssystem aktiviert. Die Fahrt beginnt. Schon nach wenigen Kilometern scheint es, als befänden wir uns weitab von jeglicher Zivilisation. Bei einem Grenzstein auf dem Gipfel eines kleinen Berges halten wir kurz an. Der Ausblick ist phantastisch. So weit das Auge reicht, erblicken wir eine tief verschneite Hügellandschaft. In einiger Entfernung ziehen Rentiere langsam an

uns vorüber. Auch wir müssen weiter. Wenig später erreichen wir einen der unzähligen Seen dieser Gegend. Seine Eisfläche bildet eine ideale Piste für unsere Schneemobile. Mitten auf dem See treffen wir an einem Eisloch zwei Angler beim Fischen. Ein schwedischer Kollege stellt sich als Zöllner vor und verlangt die Angelkarten. Da alles in Ordnung ist, folgt ein freundlicher Abschied, und wir fahren weiter.

Über 50 Jahre Weltzollorganisation

Eine alte Dame der zöllnerischen Zusammenarbeit ist im Jahr 2002 fünfzig geworden. 1952 startete sie mit 17 Gründungsmitgliedern, unter ihnen die Bundesrepublik Deutschland. Ein halbes Jahrhundert später gratulierten der Weltzollorganisation (WZO) beeindruckende 161 in ihr zusammengeschlossene Staaten, die 97 Prozent des internationalen Handels tätigen. Die Geschichte der WZO geht einher mit dem – auch nicht mehr ganz jungen – Prozess der Globalisierung und seinem Druck auf wirtschaftliche Schranken. 1948 wurden auf Basis des GATT („General Agreement on Tariffs and Trades"), seit 1995 als „World Trade Organization" institutionalisiert, zwei weitere Komitees ins Leben gerufen. Das erste, wirtschaftlich ausgerichtete, sollte als Organisation für wirtschaftliche Zusammenarbeit und Entwicklung (OECD) Weltgeschichte schreiben. Das zweite, ein Zollkomitee, wurde 1952 als „Rat für Zusammenarbeit auf dem Gebiet des Zollwesens" (RZZ) bzw. „Customs Co-Operation Council"(CCC) fest etabliert. Seit 1994 heißt der Zollrat griffiger Weltzollorganisation bzw. *World Customs Organization*.

Ziel der WZO ist es, das Zollrecht im Interesse des internationalen Handels zu vereinfachen und die Zollformalitäten zu vereinheitlichen, aber auch die wachsende grenzüberschreitende organisierte Kriminalität im Zollbereich zu bekämpfen. In den Räumen des WZO-Hauptquartiers in Brüssel sind dazu in den betreffenden 50 Jahren 16 internationale Konventionen erarbeitet und implementiert worden. Die wichtigste Konvention der WZO ist das so genannte „Harmonisierte System", die Grundlage für eine weltweit einheitliche Bezeichnung und Einordnung aller Güter. ∎

Mit gut 60 Stundenkilometern überqueren wir den zugefrorenen See. Als wir das Ufer erreichen, geht es weniger zügig zwischen Bäumen und Sträuchern hindurch weiter. Die beiden Fahrer müssen Schwerarbeit leisten. Endlich weicht der Wald zurück und eine weite Ebene liegt vor uns. In diesem einfachen Gelände darf auch ich einmal das Steuer übernehmen. Wieder sehen wir eine Rentierherde auf ihrem Zug. Ich muss wohl einen Augenblick zu lange von diesem traumhaften Anblick abgelenkt worden sein, denn plötzlich kommt das Schneemobil schlagartig zum Stehen. Wenige Meter vor uns liegt kaum erkennbar ein Abgrund. Doch mein Mitfahrer hat aufgepasst und mit einem Griff über meine Schulter hinweg gebremst. Jetzt übernimmt er wieder das Steuer und bringt uns sicher zu der Stelle, an der wir Mittagspause machen wollen. In einem geräumigen Schneeloch an einem wärmenden Feuer nehmen wir eine kräftigende Vesper ein, ehe wir so gestärkt unsere Fahrt fortsetzen. Wir sind nun schon fünf Stunden unterwegs und haben erst zwei Menschen getroffen. Jetzt sehen wir nochmal zwei Männer mit ihrem Schneemobil. Wir überprüfen, ob sie möglicherweise illegal gejagt haben. Unsere Vermutung bestätigt sich jedoch nicht.

Inzwischen hat sich der Himmel verfinstert. Bald beginnt ein heftiger Schneesturm. Da bleibt plötzlich das Schneemobil stehen, der Motor schweigt. Der Tank ist leer. Aber für Reservesprit ist ja gesorgt. Der Schneesturm wird immer stärker. Ich bin froh, dass wir uns inzwischen auf einem öffentlichen Schneemobilweg befinden, der mit roten Holzkreuzen an langen Stangen gut gekennzeichnet ist. Was könnte nicht alles passieren, wenn jemand einige dieser lebenswichtigen Markierungen entfernen würde? Endlich taucht Storlin im Schneegestöber auf, und ich kann erleichtert aufatmen. Damit endet eine Dienstfahrt, die mir die Gewissheit gibt: Grenzaufsichtsdienst ist überall anders." ■

11 Michael Gaismair – Revolutionär und Zöllner

Michael Gaismair war zu Beginn des 16. Jahrhunderts als Zöllner beim Zollamt Klausen beschäftigt. Der Fürstbischof von Brixen hatte ihn in dieses Amt berufen. Vermutlich ein Fall von Ämterpatronage, wie er in der damaligen Zeit üblich war. Michael Gaismairs Vater war kein unbedeutender Mann. Er besaß Bergwerksanteile und hatte im Jahre 1500 die Straße am Brenner gebaut. Zudem war er „Kayserlicher Wegemeister" mit dem Recht, Pflasterzoll zu erheben. Sein Sohn Michael trat erstmals ins Licht einer breiten Öffentlichkeit, als die Tiroler Bauern 1525 unter seiner Führung auf dem Innsbrucker Landtag ihre in 20 Artikeln zusammengefassten Forderungen vorlegten. Diese so ge-

nannten „Meraner Artikel" verlangten unter anderem die Abschaffung der Bischofsgewalt, ein einheitliches Gesetzbuch, einheitliche Maße und Gewichte, Richter und Beamte, die nach festen Gehältern besoldet wurden und nicht von Gebühren und Bußgeldern leben mussten, ein einheitliches Steuerrecht, dem auch der Adel unterliegen sollte, Abschaffung der Zünfte und Gilden, Aufhebung der Leibeigenschaften, Abschaffung der Sterbefallsteuer und die Freigabe der Jagd- und Fischereirechte. Fast alles auf dieser Liste ist inzwischen längst unverzichtbarer, überwiegend sogar in Verfassungsrang erhobener Bestandteil unserer Zivilisation geworden. Lediglich die Freigabe der Jagd- und Fischereirechte, die damals für die hungernde Landbevölkerung von überlebenswichtiger Bedeutung war, lässt mancherorts noch immer auf sich warten.

Die Formulierung dieser im Jahre 1525 revolutionär erscheinenden Forderungen kam nicht von ungefähr. Die Privilegien des Adels und der Kirche und eine immer drückender werdende Steuerlast hatten die Leistungsfähigkeit der Landbevölkerung erschöpft, ohne dass die Obrigkeit daran dachte, ihren bisherigen Kurs zu ändern. So hatte der Erzbischof von Salzburg noch im Frühjahr 1523 von der Stadt Salzburg eine Weihesteuer in Höhe von 1 000 Gulden verlangt und eine zusätzliche Verbrauchsteuer, damals Ungeld genannt, eingeführt. Damit wollte er seinen Unkostenbeitrag für die Krönungsfeierlichkeiten von Karl V. in Aachen und für den Reichstag zu Worms refinanzieren. Daraufhin brach ein Aufstand los, der zunächst niedergeschlagen wurde, kurz darauf jedoch erneut aufflackerte und um sich griff, bis 1525 der österreichische Bauernkrieg daraus wurde. In diesem Krieg machten die Bauern Gaismair zu ihrem Anführer. Nach dem erneuten Scheitern der Aufständischen floh er nach Zürich und fand Aufnahme bei dem Reformator Zwingli. Anfang 1526 verfasste er dort die „Tiroler Landesordnung", die auf eine neue Staats- und Gesellschaftsordnung abzielte und die Übergabe der Landesgewalt und der wichtigsten Wirtschaftsquellen an die „Landschaft" vorsah. Das Land sollte von Vertrauensmännern der Bürger und Bauern regiert werden. Damit forderte Gaismair nichts anderes als eine demokratische Republik. Für das Land Tirol verlangte er außerdem die Ablösung des bestehenden Zollwesens durch ein nach außen geschlossenes Grenzzollsystem mit dem Wegfall aller Zollstätten im Inneren. Auch dies war ein visionärer Gedanke, der für Deutschland erst mit der Gründung des Deutschen Zollvereins im Jahre 1833 Realität wurde.

Da der Bauernkrieg in einer Kette gewalttätiger Unmutsäußerungen und einer losen Folge von lokalen Aufständen stecken blieb, behielten die bestehenden Ordnungskräfte letztendlich die Oberhand. Die rebellischen Bauern wurden mit der gebotenen Härte bestraft. Es wurde jedoch durch eine Ahndungspraxis, die nicht als Milde missverstanden werden sollte, Sorge getragen, dass die Leistungsfähigkeit des Landvolkes weitgehend erhalten blieb. Rädelsführer wurden hingerichtet, der niedergeworfenen Bevölkerung wurde eine Sühnesteuer in Höhe von 100 000 Gulden auferlegt, die innerhalb von fünf Jahren zu zahlen war. Gaismair, der im Sommer 1526 noch einmal aktiv am Bauernkrieg teilgenommen hatte, war rechtzeitig entkommen und in venezianische Dienste getreten. Von Oberitalien aus bemühte er sich fortan, mit Hilfe Zwinglis ein Bündnis evangelischer Fürsten und Städte gegen die Tiroler Regierung des Erzherzogs Ferdinand I. zustande zu bringen. Daraufhin setzte die Regierung Österreichs einen hohen Preis auf seinen Kopf aus. Im April 1532 wurde Gaismair in Padua von zwei Spaniern ermordet, die sich das auf ihn ausgesetzte Kopfgeld verdienen wollten. ■

12 Mödlareuth – ein geteiltes Dorf

„Little Berlin" nannten die Amerikaner das kleine Dorf Mödlareuth an der Grenze zwischen Bayern und Thüringen. Quer durch den Ort lief einstmals die Mauer, Barriere zwischen Ost und West und Ursache für Familienschicksale, wie man sie ansonsten nur aus der zweigeteilten Stadt Berlin kannte. In Mödlareuth geht die Geschichte der Grenzen jedoch noch viel weiter zurück. Bereits zu Beginn des 19. Jahrhunderts zeugten Grenzsteine vom Übergang aus dem Königreich Bayern in das Fürstentum Reuß. Diese bis heute erhaltenen Zeitzeugen weisen auf der einen Seite die eingemeißelten Initialen „KB" – für Königreich Bayern – und auf der anderen die Buchstaben „FR" – für Fürstentum Reuß – auf. Später, am Ende des Ersten Weltkrieges, gehörte das Dorf je zur Hälfte zu Bayern und Thüringen. Eine Teilung, die tief in den Alltag seiner Bewohner vordrang: Während beispielsweise die Schule und das Wirtshaus auf thüringischem Terrain waren, befand sich die Kirche auf bayerischer Seite.

Auch die Teilung Deutschlands nach dem Zweiten Weltkrieg blieb für Mödlareuth nicht ohne Folgen. Der Ostteil des Dorfes fiel in die sowjetische Zone, der Westteil hingegen in die amerikanische. Die Gründung der Deutschen De-

mokratischen Republik im Mai 1949 sorgte dafür, dass die beiden Ortshälften nunmehr auch verschiedenen Staaten angehörten. Noch war es jedoch möglich, die quer durch das Dorf laufende Grenze mit dem „kleinen Grenzschein" zu passieren. Dies sollte erst drei Jahre später anders werden. Aufgrund der „Verordnung über Maßnahmen an der Demarkationslinie zwischen der DDR und den westlichen Besatzungszonen Deutschlands" wurde ein so genannter „Schutzstreifen" angelegt, dessen Betreten zukünftig nur noch mit einer Sondergenehmigung möglich war. Es folgte die Errichtung eines übermannsgroßen Bretterzauns und schließlich im Jahre 1966 der Bau der Mauer. Eine Geschichte, die erst 24 Jahre später mit dem Ende der deutsch-deutschen Teilung ihr Happy-End finden sollte.

Der Abriss der Mauer im Juni 1990 war zugleich die Geburtsstunde eines ehrgeizigen Projektes, das die Geschichte Mödlareuths und die Geschichte der deutschen Teilung zum Thema hat. So wurde beispielsweise ein circa vier Kilometer langer Geschichtslehrpfad eingerichtet, der den Besuchern die ehemalige Grenze mit ihren Sperranlagen erfahrbar macht. Metallgitterzaun, KfZ-Sperrgraben und Kontrollstreifen werden so zum Teil des Museumsbesuches. Dabei ist die Funktion der Sperranlagen nur ein Aspekt. Mindestens ebenso wichtig ist es, die Tragik der deutschen Teilung und ihre Konsequenzen für die Lebensumstände der Bewohner deutlich zu machen. Im thüringischen Teil Mödlareuths hält das deutsch-deutsche Museum Mödlareuth die Erinnerung an die Teilung wach. Mödlareuth ist jedoch mehr als ein Museum und bleibt trotz der mittlerweile nicht mehr bestehenden Trennung ein Kuriosum. Für den bayerischen und den thüringischen Teil gelten nach wie vor unterschiedliche Postleitzahlen, gleiches gilt für die Telefonvorwahl und die Autokennzeichen. Zwei Bürgermeister kümmern sich um die knapp 50 Einwohner beider Ortsteile. Eines jedoch haben diese gemein: Die Feste feiert man seit einigen Jahren wieder zusammen. Die Grenze ist Geschichte geworden. Eine Geschichte, von der nicht nur die alten Grenzsteine und Schlagbäume erzählen.
(Adresse und Öffnungszeiten s. Seite 142) ▪

100 Jahre ZPLA Berlin

Seit 1904 besteht die Zolltechnische Prüfungs- und Lehranstalt (ZPLA) Berlin. Berücksichtigt man die wechselvolle Geschichte der Behörde, ist hundert ein stolzes Alter. Zeitlich reicht die ZPLA-Chronik vom König- und Kaiserreich der Hohenzollern bis in die Bundesrepublik des 21. Jahrhunderts. Währenddessen hat sie vier verschiedene deutsche Staatssysteme, zwei Weltkriege, die Teilung und Wiedervereinigung Deutschlands sowie das Zusammenwachsen der Europäischen Union er- und überlebt. Ähnliches gilt für die Zolllehranstalten Bremen und Hannover. Auch sie wurden im Jahr 2004 hundert. Das historische Fundament der heutigen ZPLA Berlin bilden zwei Vorgängerinstitutionen aus der Kaiserzeit, nämlich die Königlich Preußische Hauptlehranstalt für Zoll- und Steuerbeamte in Berlin sowie die Kaiserliche Technische Prüfungsstelle. Bei Aufnahme ihrer Tätigkeit bestand das Personal der Königlich Preußischen Hauptlehranstalt für Zoll- und Steuerbeamte in Berlin aus 14 Mitarbeitern, drei von ihnen Chemiker. 2004 beschäftigte die ZPLA in der wissenschaftlichen und der zolltechnischen Abteilung insgesamt 121 Beamte, Angestellte und Arbeiter, davon zwölf Chemiker. Vom Tierleder bis zur ganzen Fabrik: Über 62 000 Warenproben können jährlich mit High-Tech-Geräten und -Methoden untersucht werden. ■

Ehemalige Mitarbeiter der etwas später gegründeten ZLA Münster

13 Ludwig Waldschmidt: Frauen an der Grenze

„Frauen an der Grenze", eines der letzten Bilder aus der Hand des autodidaktischen Malers Ludwig Waldschmidt, schmückte bis 2002 das Dienstzimmer des Leiters der Zoll- und Verbrauchsteuerabteilung der Oberfinanzdirektion Koblenz in Neustadt an der Weinstraße. Gab es einen passenderen Platz für das Bild „Frauen an der Grenze" (Öl auf Spanplatte, 111 cm x 96 cm) als in jener Behörde, die die Grenzen zu Frankreich, Luxemburg und Belgien gerade in der Zeit bewacht hat, die der Künstler 1949 im Bild eindrucksvoll dargestellt hat?

Ludwig Waldschmidt wurde am 6. Dezember 1886 in Kaiserslautern geboren und ist dort nach schwerer Krankheit 1957 gestorben. Im elterlichen Betrieb zum Dekorationsmaler ausgebildet und in diesem Beruf tätig, widmete er sich ab 1918 der künstlerischen Ausbildung, blieb aber weitgehend auf sich gestellt. Er wandte sich von der landschaftsseligen Pfälzer Malerei jener Zeit ab und einem expressionistischen Stil zu. Die Pfälzer kehrten ihm deswegen den Rücken, und Waldschmidt verließ seine Heimat. Ab 1927 lebte er in Berlin, wo er sich lange Jahre seiner auf Menschlichkeit ausgerichteten Kunst widmete. Erst 1948 kehrte er in seinen Heimatort zurück, wo er 1950 schwer erkrankte, blind wurde und am 1. Januar 1957 starb. Für den Künstler wäre es sicher ein großes Glück gewesen, seine Vision von Frieden als Wirklichkeit erleben zu können. „Frauen an der Grenze" ist heute im Besitz der Pfalzgalerie in Kaiserslautern.

Auf blassem, diffusem Hintergrund stellt Waldschmidt zwei abgehärmte Frauen dar, denen das Schicksal des zu Ende gegangenen Krieges Blick und Gesicht ausdruckslos und nahezu hoffnungslos hat werden lassen. Zart berührt die in dunkles Braun gekleidete Frau die neben ihr Stehende, deren fahles Gesicht noch durch die grüne Kleidung verstärkt wird. Fragend, ob es denn einen Sinn habe, gibt diese dem leichten Druck der Hand nach und schiebt sanft ein kleines Mädchen in den Vordergrund. Dieses, in einem weißen Kleidchen, die Wangen zart gerötet, die Haare blond, schaut offen und frei aus dem Bild. Leuchtend bunte Blumen als Zeichen der Gewissheit einer frohen Zukunft in den Händen, kehrt das Kind den Grenzpfählen den Rücken. Es trägt, unbewusst und unschuldig, das Wissen in sich, dass die schon jetzt nicht mehr gerade stehenden Grenzzeichen eines Tages ihre Bedeutung verlieren werden. Diese Gewissheit vermittelt es dem Betrachter. Das Kind wird zum Träger der Aussage des Künstlers: Lasst uns Freunde und Nachbarn werden über alle Grenzen hinweg! ■

14 Honorantiae – Ein Fässchen in Ehren

Unter Ehrungen (honorantiae) verstand man im Mittelalter allgemein übliche Ehrengaben und Geschenke an den Landesherren oder andere einflussreiche Persönlichkeiten. Die Leistungen waren zwar freiwillig, wurden jedoch für äußerst nützlich erachtet, wenn es darum ging, sich die Gunst der Mächtigen zu sichern. Auch das mittelalterliche Zollwesen bezeichnete bestimmte Abgaben als Ehrungen, die dem Zöllner gewohnheitsmäßig persönlich zufielen. Diese eher zufälligen, nicht notwendigen, aber zulässigen Zuwendungen wurden auch *Accidentalien* genannt oder in der oft so blumenreichen Sprache des Mittelalters als Zollergötzlichkeiten umschrieben. Geleistet wurden sie zunächst nur von Personen oder Institutionen, die dauerhaft das Privileg der Zollfreiheit genossen. Dies galt vor allem für geistliche Einrichtungen, konnte aber auch auf die Bürger begünstigter Städte zutreffen. Die Ehrungen bestanden oft nur aus einem einmaligen jährlichen Geschenk. Sie sollten die

Zöllner bei guter Laune halten, weil diese wegen der Zollfreiheit auf den ihnen als Sold zustehenden zehnten Pfennig der anfallenden Zolleinnahmen verzichten mussten.

Die den Zöllnern zu „erweisenden" Ehrungen entwickelten sich mit der Zeit jedoch immer mehr zu einer feststehenden, verbindlichen Leistung, die nicht nur von den Zollbefreiten, sondern von allen Frachtführern gefordert wurde. In Frankfurt mussten solche Ehrungen oder Accidentalzölle von allen Bürgern zollbefreiter Städte wie zum Beispiel Nürnberg und Bamberg bei der Ausfuhr entrichtet werden. Sie wurden am Fahrtor nach den in der Zollrolle – dem damaligen Zolltarif – festgesetzten „Zollsätzen" zumeist in Naturalien erhoben. Da waren dann vom Fässlein Cervelatwurst eine Wurst, von einem Wagen Kohl sechs Köpfe, von sieben Fuder Wein eine Zollflasche, ersatzweise zwei Reichstaler Flaschengeld, abzuliefern. Auch im Würzburgischen kassier-

„Niederlage" besonderer Art: Das Stapelrecht

Im weitgehend liberalisierten Welthandel heutiger Prägung ist es manchmal ganz hilfreich, an die Anfänge des Warenumschlags zurückzudenken. Dabei wird deutlich, wie groß die Fortschritte auf diesem Gebiet trotz aller noch bestehenden Handelsbeschränkungen sind. Dass Kaufleute beispielsweise gezwungen wurden, ihre Fahrt zu unterbrechen und ihre Waren Bürgern einer Stadt anzubieten, ist heute kaum noch vorstellbar. Im 13. bis 19. Jahrhundert jedoch erhielten einzelne Städte von den Landesherren dieses so genannte Stapelrecht, auch als Einlage- oder Niederlassungsrecht bezeichnet, das sich teilweise nur auf bestimmte Waren bezog. Die Güter mussten an bestimmten „Stapeltagen" zum Verkauf mit Vorkaufsrecht ausgestellt werden. Dies war für die Kaufleute mitunter ein schlechtes Geschäft, denn an anderen Orten hätten sie eventuell Kundschaft gefunden, die bereit gewesen wären, einen höheren Preis für die Waren zu zahlen. Häufig war mit dem Stapelrecht der Städte auch das Umschlagsrecht verbunden, das heißt, die fremden Waren mussten auf städtischen Wagen oder Schiffen weiterbefördert werden. Den Kaufleuten stellte sich das Stapelrecht der Städte demzufolge auch als Stapelzwang dar. Von diesem konnten sie sich durch Zahlung einer besonderen Abgabe – Durchgangzoll oder „Niederlage" – befreien. Für die Städte bedeutete das Stapelrecht natürlich ein einträgliches Geschäft. Kein Wunder, dass es immer wieder Anlass zu Zwistigkeiten und Streitereien gab. So verklagte beispielsweise Hamburg 1550 vor dem Reichskammergericht zu Speyer die Städte Lüneburg, Stade und Buxtehude darauf, „dass jedermann bei Hamburg anlegen, Zoll zahlen und vor allem Korn zunächst in der Stadt zu Markte bringen müsse". Auch zwischen Bremen und Minden gab es in der Mitte des 16. Jahrhunderts Streit darüber, wer das Stapelrecht an der Weser besitzt. Dies ging sogar so weit, dass die Stadt Minden die Weser durch einen Baum oder eine Kette sperrte – nur Schiffe, die sich dem Mindener Stapelrecht gebeugt hatten, durften vorbeifahren. Das Gefühl, mit ihren Waren an die Kette gelegt zu sein, kennen Handelstreibende in einigen Ländern trotz „stapellosen" Welthandels oft auch heute noch und sprechen dann von Strafzöllen. ■

ten die Zöllner neben dem zehnten Pfennig von den eingehenden Zollgeldern die übrigen hergebrachten Zollergötzlichkeiten.

Im Jahre 1669 berichtet eine Wirtschaftsenquete über die Erhebung der Rheinzölle, dass die Zöllner von den Schiffern regelmäßige Provisionen – vielfach in natura – erhielten. Aus Ruhrort wurde ein Einzelfall geschildert, in dem die Zöllner von einem mit Wein beladenen Schiff ein Fässchen Wein, acht Tönnchen Essig und einige Krüge Olivenöl erhielten. Bei den Zollstationen am Rhein, so etwa auch in Bacharch oder Kaub, mussten laut Zollvertrag von 1446 alle Schiffe mit mehr als vier Zollfuder Wein dem Zollschreiber zwei Quarten, den Besehern und Knechten zusammen auch zwei Quarten Wein Bonner Maß abliefern. Durch solche „Nebenabgaben", die unmittelbar in die Taschen der Zöllner flossen, erhöhte sich der eigentliche Zoll nicht selten um circa 15 bis 20 Prozent. Der Höhe dieser Einkünfte standen jedoch relativ bescheidene Grundgehälter der Zollbediensteten gegenüber. Diese betrugen nur etwa ein Achtel ihrer Jahreseinkünfte insgesamt. So blieb es nicht aus, dass die immer üppiger geforderten Zollergötzlichkeiten zu Missständen führten, die das Missfallen der Obrigkeit erregten. Bereits 1356 versuchten die Frankfurter, das Geschenkunwesen dadurch zu reglementieren, dass sie eine Flasche Wein pro Jahr für angemessen auswiesen. Auch die Kölner schrieben ihren Zöllnern zunächst vor, dass

eine Flasche Wein, nicht ein ganzer Krug, als „Schank" angenommen werden durfte, untersagten um 1457 sogar jede Annahme von Geschenken, wofür sie allerdings den Lohn um zwei Gulden anhoben. Im Jahre 1717 fand in Bacharach eine Konferenz der rheinischen Kurfürsten aus Mainz, Kurpfalz, Köln und Trier statt, die den Zollbeamten untersagte, *Accidentalien* an Zollwein und Zollflaschen, Brand-Zoll, Nachengeld, Knechtsgeld und Freigelder anzunehmen.

Zu diesen einschneidenden Maßnahmen mögen auch die Zöllner selbst beigetragen haben. Es fällt nicht schwer, sich vorzustellen, dass der tiefere Sinn jeglicher Ehrung, nämlich den Geehrten für das eigene Vorhaben günstig zu stimmen, so manchen Kollegen von damals dazu verleitet haben mochte, gegen eine entsprechend hohe Ehrung bei der Erhebung des eigentlichen Zolls ein Auge zuzudrücken. So wurde aus dem einst wohlklingenden Begriff Ehrung schließlich nichts anderes als das, was heute gar nicht ehrenhaft als Vorteilsnahme oder Bestechung bezeichnet wird. ■

15 Von Zöllnern und Raubrittern

Zölle in ihrer mannigfachen Form waren über Jahrtausende hinweg eine der wichtigsten, vielleicht sogar die wichtigste Einnahmequelle des Fiskus. Immer wieder kam es deshalb wohl auch zur Einrichtung unrechtmäßiger Zollstätten und zur Erhebung übermäßiger Zölle. Schon Karl der Große sah sich deshalb gezwungen, durch einen kaiserlichen Erlass einzugreifen und Zollstrafen für die Erhebung unrechtmäßiger Zölle zu verhängen. So war es damals üblich geworden, Brückenzoll nicht nur von demjenigen zu erheben, der über die Brücke wollte, sondern auch von allen, die auf dem Fluss darunter her-

fahren mussten oder gar eine nahe gelegene Furt benutzten. Angeblich sollen besonders findige Zolleinnehmer sogar eigens Brücken auf freier Wegstrecke errichtet haben, um von den vorbeikommenden Fuhrwerken Brückenzoll erheben zu können. Gut 400 Jahre später schienen die Sitten statt besser nur noch schlimmer geworden zu sein. So jedenfalls lässt eine

Passage aus der Urkunde eines 1235 durch Friedrich II. geschlossenen Landfriedens vermuten: „... wer aber gegen unseren Willen einen höheren Zoll erpresst, soll dem Straßenräuber gleich bestraft werden.“

Im Jahr 1282 scheint der deutsche König Rudolf I. dann Ernst mit einer korrekten Zollerhebung in seinem Reich machen zu wollen. Er zieht gegen den Zollerpresser Philipp von Hohenfels zu Feld und lässt dessen Raubzollburgen Reichenstein und Sooneck am Mittelrhein sowie Rheinstein bei Bingen schleifen und den Ritter von Waldeck auf Sooneck aufhängen. 1290 setzt er das Unterfangen mit einem Kriegszug fort, bei dem er die Raubzollstätte des Markgrafen von Baden in Selz am Oberrhein und 66 Raubzollburgen in Thüringen als illegale Zollstätten zerstört. 29 Raubritter lässt er am 20. Dezember 1290 vor den Toren Erfurts hinrichten. Den historisch wohl bedeutendsten Zollkrieg führte Rudolfs Sohn, König Albrecht I., im Jahre 1301 wegen der illegalen Zollpraxis der rheinischen Kurfürsten von Köln, Mainz und Trier. In einer entschlossenen Strafexpedition besiegte er die geistlichen Herren. Eine Reihe illegaler Zollstätten hob Albrecht danach ganz auf, so zum Beispiel die von Bingen, Lahnstein, Koblenz, Andernach und Bonn, an den anderen wurden die Zölle auf das traditionelle Maß zurückgeführt. Damit hatte sich das Kräfteverhältnis am Rhein eindeutig zugunsten des Königs verschoben.

Auch zu späteren Zeiten und an anderer Stätte kam es wegen des Zolls immer wieder zu Händeln. So wurden die Bayern einige Jahrhunderte später berühmt wegen einer Zollumfahrung in besonders großem Stil. Sie mussten nämlich ihr in Berchtesgaden gewonnenes Salz auf der Donau an Passau vorbeischiffen und sollten dem dortigen Bischof einen ihrer Meinung nach unzumutbar hohen Zoll entrichten. Schlau wie die Bayern waren, transportierten sie fortan ihr Salz – immerhin rund 11 000 Tonnen im Jahr – auf Schiffsfuhrwerken über Land, wozu sie Baumstämme als Rollen unterlegten, auf denen sie die mit Salz beladenen Schiffe vom Inn unter Umgehung von Passau an die Donau brachten. Als der Bischof seine Zölle davonschwimmen sah, kam es im Jahre 1611 prompt zu den „Berchtolsgadischen Händeln" zwischen dem Erzbischof von Salzburg und Herzog Maximilian von Bayern.

Auch in Norddeutschland war man stets bereit, sich wegen der Zölle zu bekriegen. So gerieten die Hamburger wegen ihres Zolls bei Neuwerk 1340 mit den Stadern und 1555 gleich mit Lüneburg, Buxtehude und Stade aneinander. Gegen ein mit Geschützen bestücktes Schiff der Stader mussten die Hamburger schließlich zwei gut ausgerüstete Kriegsschiffe die Elbe hinunterschicken. Danach war wieder einmal für einige Zeit Ruhe. Die Bremer hatten ihre Wehrhaftigkeit gegen Raubzölle schon 1220 unter Beweis gestellt, als sie mit einer kriegstüchtigen Kogge mitten durch eine Zollkette hindurchsegelten, die Erzbischof Gerhard II. über die Weser hatte spannen lassen, um den Bremern einen Zoll abzupressen. Mit solchen Beispielen aus allen Teilen Deutschlands und über die Jahrhunderte hinweg ließe sich leicht fortfahren. In Zeiten des globalen Handels und der Welthandelsorganisation sind Zoll- und Handelskriege zwar noch immer nicht ganz aus der Mode gekommen, doch sind die Zölle heute weniger der Anlass der Streitigkeiten als vielmehr ein Mittel, sie zu führen. ◼

16 Von der Tolnersen zur Zöllnerin

Zoll war über Jahrtausende hinweg Männersache. Das dürfte bei den alten Ägyptern kaum anders gewesen sein als in der jüngeren Vergangenheit in Deutschland. Bekanntlich trat die erste Frau erst im Jahre 1951 in die deutsche Zollverwaltung ein, und zwar als Chemikerin in den höheren Dienst. Von der Regel, dass der Beruf des Zöllners von Männern ausgeübt wurde, gab es aber schon überraschend früh Ausnahmen. Bereits aus dem Jahre 1316 wird berichtet, dass die Witwe des Zöllners aus Lueg am Brenner sich bei Zusicherung der Weiterpacht verpflichtete, den Grafen von Tirol 30 Mark „pro honorantia" zu zahlen. *Honorantiae* waren bestimmte Leistungen, die den Zöllnern vor Ort persönlich zuflossen. Von ihnen mussten sie in aller Regel einen Großteil ihres Lebensunterhalts bestreiten. Kassierte besagte Zöllnerwitwe die am Lueg fälligen Zölle nun persönlich bei den Fuhrknechten und Reisenden ein oder begnügte sie sich ausschließlich mit der Verwaltung der von ihr erworbenen Zollgerechtigkeit? Das werden wir nie wissen, doch spricht nichts dagegen, dass die geschäftstüchtige Witwe beim Kassieren der Zölle selbst mit Hand angelegt hat.

Es gibt noch weitere Belege dafür, dass Frauen in der Lage waren, auch beim Zoll „ihren Mann zu stehen". In Kölner Stadtrechnungen vom 13. Oktober 1378 und vom 2. November 1379 wird jeweils von „der Tolnersen vur sente Severinsportzen" gesprochen. In Köln muss es also damals eine Zöllnerin gegeben haben, die vor dem St. Severinstor ihres Amtes waltete. Auch die Gerichtsbücher der Stadt Frankfurt am Main aus dem Jahre 1404 erwähnen zwei Zöllnerinnen. So ist dort von einer „Demut Zolnerin" und einer „Else im Zollhuse" die Rede. Die naheliegende Vermutung, dass es sich bei dem Wort Demut um einen weiblichen Vornamen handeln muss, wird vom Deutschen Wörterbuch der Gebrüder Jakob und Wilhelm Grimm bestätigt.

Sicherlich sind diese wenigen überlieferten Beispiele Ausnahmefälle. Aber der Schluss liegt nahe, dass es das Phänomen der Zöllnerin, das uns aus Südtirol, Köln und Frankfurt berichtet wird, zumindest am Ende des 14. und Anfang des 15. Jahrhunderts auch anderen Orts gegeben hat. Dieses Amt war damals keineswegs so einfach auszuüben, wie mancher heute glauben mag. Mittelalterliche Zollstätten hatten bereits einen umfangreichen Zolltarif mit vielen ergänzenden Zollvorschriften, deren Beachtung es gegenüber zahlreichen Handel Treibenden und Reisenden durchzusetzen galt. Zöllner konnte deshalb nur werden, wer eine überdurchschnittliche Bildung besaß. Er musste vor allem den Zolltarif lesen und Zollabrechnungen fertigen können. Da der Zolltarif in Lateinisch abgefasst war, musste der Zöllner auch diese Sprache beherrschen. Das konnte bei weitem nicht jeder. Kein Wunder also, dass dieser Beruf damals hoch angesehen war und nicht selten von honorigen Bürgern ausgeübt wurde, denen die Städte auch gerne eines ihrer vielen Ehrenämter – wie zum Beispiel das eines Richters oder Schöffen – übertrugen.

Offensichtlich haben auch damals Gesellschafts- und Bildungssystem Frauen nicht die Chance geboten, diese anspruchsvollen Einstellungsvoraussetzungen zu erfüllen und die männliche Konkurrenz bei der Bewerbung um das Amt des Zöllners ausstechen zu können. Es spricht einiges dafür, dass es sich bei diesen ersten Zöllnerinnen, wie in dem Fall der Zollstätte am Brenner, um Zöllnerwitwen handelte, die ihr in der Ehe erworbenes Spezialwissen befähigte, die Aufgaben ihrer Männer zu übernehmen. Dies war im Übrigen auch im Drucker-handwerk sehr oft der Fall. Eine der Ursachen dafür, dass das Beispiel keine Schule machte, mag auch gewesen sein, dass die Zöllner immer mehr zu fest angestellten und besoldeten Beamten wurden, die ihre Aufgabe nicht mehr als Selbstständige, sondern als einfache Bedienstete der Obrigkeit erfüllten. Und dies wäre für Frauen damals undenkbar gewesen. Vielleicht waren Demut und ihre Kolleginnen vom Zoll der Zeit aber auch nur um sechs Jahrhunderte vor-aus. ■

Zöllners Streich

Schon zu Kaiser Wilhelms Zeiten hatten Zöllner Humor und gaben sich in ihrer Freizeit schöngeistiger Beschäftigung hin. So auch der Verein Breslauer Zoll- und Steuerbeamten, der anlässlich eines Vortrages über Leben und Werk Wilhelm Buschs 1902 spontan beschloss, dem Dichter zu dessen 70. Geburtstag zu gratulieren. Vier Postkarten mit 100 Unterschriften und nachstehendem Vier-zeiler wurden auf den Weg geschickt:

Zumeist besagt das Wörtchen Zoll
dem Bürger, dass er zahlen soll,
doch wenn wir zollen Dir Verehrung,
geschieht dies ohne Taschenleerung.

Wilhelm Busch antwortete darauf wie folgt:

Besten Gruß an die gesamten
Steuer- wie auch Zollbeamten.
Was sie dichten voll Gemüt,
zeigt uns, dass der Weizen blüht.

Wilhelm Busch
Mechthausen, 15. Dezember 1902 ■

17 Dringliche Bedürfnisse

Aus einem Schreiben von 1953 an die Oberfinanzdirektion Koblenz:

Hauptzollamt Kaiserslautern

0 4508 B – A 4

(Waldmohr Postenbude)

Kaiserslautern, 3. Juli 1953

Betrifft: Ausbau der Postenbude Waldmohr, Bahnhofstr.

Bezug: Verfg. v. 23.6.53 0 4508 B – Z 12 5a (BUN 1953) – Kaiserslautern

Anl. lege ich ein Schreiben der Gemeindeverwaltung Waldmohr vor, in der die Errichtung eines Abortes für die an der Postenbude diensttuenden Beamten gefordert wird.

Ich habe in der BUN 1953 neben der Errichtung eines Durchsuchungsraumes und den Bau eines Kamins auch den Einbau eines Klosetts aufgeführt. Diese Arbeiten wurden jedoch durch o.a. Verfügung mit dem Vermerk „In die BUN 1954 aufnehmen" zurückgestellt.

Bei der Aufstellung der BUN 1953 habe ich mich davon leiten lassen, daß der einzige Raum der Postenbude Abfertigungsraum ist und daß bei seiner gleichzeitigen Inanspruchnahme als Durchsuchungsraum der Abfertigungsbeamte im Falle einer körperlichen Durchsuchung durch einen anderen Beamten oder durch die Untersuchungsfrau gezwungen wäre, sich während der Dauer der Durchsuchung vor der Postenbude auf der Straße aufzuhalten und dort seine Abfertigungen vorzunehmen. Um dem dringenden Bedürfnis zur Herrichtung eines Durchsuchungsraumes Rechnung zu tragen, ist es unbedingt erforderlich, daß für diesen Zweck ein besonderer Raum durch Erweiterung der Postenbude auf zwei Räume geschaffen wird, wobei der jetzige Abfertigungsraum bleiben kann. Im Zuge des Umbaues kann neben dem Einbau eines Kamins die ebenso dringende Errichtung einer Klosettanlage mit Anschluß an das Wasserleitungsnetz vorgenommen werden. Den sofortigen Einbau dieses Klosetts halte ich deshalb für unaufschiebbar, weil es dem Ansehen der Verwaltung nicht zuträglich ist, wenn Beamte in Dienstkleidung ihre Bedürfnisse im nahe liegenden Waldgrundstück verrichten. Eine sonstige Möglichkeit, der Beschwerde der Gemeindeverwaltung Waldmohr abzuhelfen, besteht nicht.

Ich bitte deshalb, dem Ausbau der Postenbude Waldmohr zuzustimmen und durch die Landesbauabteilung des Staatl. Hochbauamt Kaiserslautern zur alsbaldigen Aufstellung entspr. Kostenvoranschläge zu veranlassen.

In Vertretung: [Unterschrift] ■

18 Was uns die Alten lehren

Aus dem Leitfaden für den Grenzaufsichtsdienst in Schleswig-Holstein von 1857:

„Der Zolldienst ist ein Geschäft, womit große körperliche Anstrengungen verbunden sind. Der Körper der Zöllner muß gegen die Einwirkungen des Schweißes und der Witterung geschützt werden.

Um den Körper abzuhärten, ist das Waschen im kalten Brunnenwasser allmorgendlich sehr zu empfehlen.

Bei feuchter oder rauher Witterung und auf der Vigilanz in sumpfigen Gegenden ist der mäßige Genuß von Branntwein unschädlich und trägt der Abhärtung bei.

Durch die imponierende Uniform, durch seine Haltung, seinen Gang, seinen freien und durchdringenden Blick, sowie durch sein determiniertes Auftreten, kann der Zöllner den Leuten schon Furcht vor ungesetzlichen Handlungen einflößen und in entscheidenden Augenblicken einem Widerstand vorbeugen.

Die Uniform muß so geschnitten sein, daß der Zöllner behufs Verfolgung oder Anhaltung von Schmugglern einen sicheren Sprung tun und auf einem Brett oder Stamm balancieren kann. Er muß sich leichten Ganges befleißigen, sich geräuschlos bewegen können, ohne daß sich dabei die Rockschöße bewegen."

Der vorstehende Leitfaden trotzt wohl selbst ernsthaftesten Naturen ein Lächeln ab. Wer eine Dienstanweisung aus heutigen Tagen liest, hat hingegen selten etwas zu lachen. Das sei den Nachkommen überlassen: Sicherlich

werden künftige Generationen auch über unsere vermeintlich modernen Vorschriften einmal ganz anders urteilen als wir. Deshalb sollte niemand über jene spotten, die vor über 100 Jahren noch kraft ihrer Uniform und ihres Blickes Furcht vor ungesetzlichen Handlungen einflößen können mussten. Verblüffend ist die Intensität, mit der hier dem Grundsatz der Fürsorgepflicht Rechnung getragen wird. Vergleichbares fehlt in den heutigen Verwaltungsvorschriften völlig. Es genügt dem leider unbekannten Verfasser nicht, vorzuschreiben, dass die Zöllner gegen die Unbilden der Witterung geschützt werden müssen. Nein, er gibt auch nützliche Ratschläge, wie dieser Schutz mit einfachen Mitteln zu erzielen sei, und empfiehlt dazu kalte Waschungen und sogar den Genuss von Alkohol. Dass letzterer nur bei feuchtem und rauhem Wetter sowie in sumpfigem Gelände zum Einsatz kommen sollte, dürfte angesichts der klimatischen Verhältnisse Schleswig-Holsteins und der Bodenbeschaffenheit dortiger Grenzgebiete damals nur selten zu einer echten Einschränkung geführt haben.

Rätselhaft bleibt, warum eine Fortbewegungsart gefordert wurde, bei der sich die Rockschöße nicht bewegen durften. War ein beschwingter Gang dem Ernst der Berufsausübung nicht angemessen? Verursachte er verräterische Geräusche, die den Schmuggler vorzeitig warnten? Oder folgt diese Anweisung einer jener Notwendigkeiten, deren Sinn sich nachfolgenden Generationen für immer verschließt? Allen Geheimnissen zum Trotz – in einem besitzt dieser Leitfaden uneingeschränkte Aktualität: „Der Zolldienst ist ein Geschäft, womit große körperliche Anstrengungen verbunden sind ...". ■

19 Deutsch-deutsche (Zoll)Beziehung – Dreilinden in Berlin

Wer Geschichten vom Zoll erzählt, berichtet immer auch über deutsche Geschichte. Als 1989 die Mauer fiel, führte dies zu einschneidenden Veränderungen für die Zöllner hüben und drüben. Typisch für die Wechselfälle der deutsch-deutschen Geschichte ist das Schicksal der ehemaligen Grenzkontrollstelle (GKSt) Dreilinden in Berlin. Anfang 1990 verplombten Zollbeamte der GKSt noch zeitweise gemeinsam mit DDR-Zöllnern in Dienstkleidung Fahr-

1955
Berlin, Kontrollpunkt Dreilinden

zeuge auf der Ausfahrtseite; im Oktober desselben Jahres wurde die GKSt aufgelöst: Aus dem Gegenüber wurden Kollegen. Angefangen hatte der innerdeutsche

Grenzdienst am 15. Juni 1949 auf einem Geländezipfel in Albrechts Teerofen an der Autobahn, der noch zu Westberlin gehörte. Die sechs Verwaltungsangestellten in bürgerlicher Kleidung sollten auf Grundlage des Befehls der *Inter-Allied Military Commandantura* und unter Aufsicht des US-Militärs den Verkehr über die Zonengrenze im Hinblick auf geschmuggelte Waren und Zahlungsmittel kontrollieren. Im August 1950 verrichteten bereits 34 Mitarbeiter ihren Dienst bei der „Kontrollstelle Dreilinden". Die Unterbringung war anfangs äußerst unbefriedigend: Dienstraum war ein ehemaliger Lagerraum von sechs mal zwei Metern in einer Baracke auf dem Autobahnmittelstreifen. Die restlichen Räume des Gebäudes wurden von amerikanischer, britischer und französischer Militärpolizei sowie der Westberliner Polizei benutzt. Die Situation besserte sich 1951, nachdem das Gelände durch Aufschüttungen beiderseits der Autobahn erweitert worden war: genügend Platz für eine erhebliche Verlän-

56

gerung der Mittelbaracke, zwei Abfertigungsrampen sowie für ein Wirtschaftsgebäude. Ende 1951 war die Personalstärke bereits auf 128 Arbeitskräfte angestiegen.

1978

Am 15. Oktober 1968 meldet die Zeitung „Neues Deutschland", dass die Autobahntrasse unter Umgehung der GKSt Dreilinden verlegt werden soll. Die überraschende Nachricht setzt fieberhafte Planungen auf der Westseite in Gang. Als neuer Platz für eine GKSt kommt nur das Autobahnteilstück zwischen Zehlendorfer Kleeblatt und Königswegbrücke in Betracht. We-

1999

nige Monate später beginnen die Bauarbeiten. Am 15. Oktober 1969 kann die neue Grenzkontrollstelle mit dem charakteristischen Brückengebäude eröffnet werden.

Das Viermächte-Abkommen von 1971 sah vor, dass für die Beförderung von zivilen Gütern zwischen den Westsektoren Berlins und der Bundesrepublik Deutschland vor der Abfahrt verplombte Transportmittel benutzt werden konnten. Die hierzu nötige Verplombungsanlage ging 1973 in Betrieb. Zunächst fertigte die Kontrollstelle nur Transit- und innerdeutschen Verkehr ab. 1978 erhielt sie die Befugnis zur Zollabfertigung von Auslandssendungen: Dies bedeutete, dass immer mehr Waren aus osteuropäischen Staaten abgefertigt wurden. Im Zuge der deutschen Wiedervereinigung wurde die GKSt am 31. Oktober 1990 aufgehoben und das Zollamt Dreilinden ab dem 1. November desselben Jahres als nachgeordnete Dienststelle des HZA Berlin-Kurfürst errichtet. Die Rampen auf der Einfahrtseite und der größte Teil der Verplombungsanlage verschwanden. Die verbliebenen Gebäude stehen unter Denkmalschutz. 42 Kollegen aus Ost und West arbeiten heute beim Zollamt Dreilinden, das seit 2002 zum HZA Berlin gehört. ■

Henri Rousseau, „Le Douanier"

In seinen meist farbenprächtigen, detailreichen Bildern kommt eine unbefangen kindlich-naiv aufgefasste Welt zum Ausdruck. Mensch und Natur wirken idyllisch, märchenhaft, häufig traumhaft verklärt. Berühmt sind seine Bilder der „exotischen Serie". Urwaldlandschaften, in bis zu 50 verschiedenen Grüntönen gemalt („Der Traum"), ungewöhnliche Kreaturen, wilde Tiere, urtümliche Menschen – Traummotive also. Kenner schreiben seiner Kunst und seinem Leben eine Dualität von Naivität und Intellektualismus, seinen Bildern reflektierende lyrische Poesie („Schlafende Zigeunerin") und seinem künstlerischen Streben einen zutiefst humanistischen Charakter („Der Krieg") zu. Bei Henri Rousseau (geb. 1844), Maler und Zöllner, kann der Beruf für seine Kunst das Vorbild nicht gewesen sein: Sein Einsatzort beschränkte sich während seiner Dienstzeit, die er als 27-Jähriger angetreten hatte, auf die französische Metropole. Um sich ganz seiner Malerei widmen zu können, schied er zudem mit 41 Jahren aus dem Pariser Stadtzoll aus. Zunächst ganz Autodidakt, hatte Rousseau schon als Zollbeamter angefangen, in seiner Freizeit zu malen. 1885 debütierte er im *Salon libre des Beaux-Arts des Champs-Elysées*; ab 1886 stellte er mehrmals im *Salon des Indépendants* aus. Zu Hause gab er Empfänge und erteilte Unterricht. Als pensionierter Zöllner und hauptberuflicher Maler wurde er von vielen Größen seiner Zeit gefördert: Gauguin, Pissaro, Picasso und andere schätzten ihn. Zu Lebzeiten ob seines naiven Stils verkannt, gewann er später an Wertschätzung und Popularität. Heute hängen seine Gemälde in den großen Museen der Welt. Bescheiden war Rousseau nicht. Zu Picasso soll er gesagt haben: „Wir sind die beiden größten Maler unserer Zeit. Sie im ägyptischen, ich im modernen Stil." Man vermutet, dass „Le Douanier" unter „ägyptisch" die große Kunst schlechthin verstand. Ein Kunstkritiker bemerkt treffend: „Sein Grabstein trägt ein Gedicht von Apollinaire, das von Brancusi eingraviert wurde. Der einfache Zöllner hatte wirklich einer intellektuellen Avantgarde angehört." Henri Rousseau starb 1910 in Paris. ∎

20 Steuerkrieg zwischen Oldenburg und Bremen

Vor 375 Jahren erhielten die Oldenburger eine eigenständige hoheitliche Zollverwaltung. Diese wurde anfangs von den Bremern gnadenlos bekämpft. Schon damals im Brennpunkt der Ereignisse: das Zollamt Brake. Eine Steuerkriegsgeschichte aus dem 17. Jahrhundert. Zwar gab es im Oldenburgischen schon seit dem 14. Jahrhundert das Recht zur Erhebung von Zöllen, abgewickelt wurde die Einnahme damals jedoch durch Gastwirte oder sonstige Privatpersonen, die dazu mittels eines Pachtvertrages verpflichtet wurden. Eine eigenständige Verwaltung wurde erst 1624 unter dem Oldenburger Grafen Anton Günther geschaffen. Mit viel diplomatischem Geschick – und sicher nicht ohne das ein oder andere unterstützende Geschenk – verstand es der Graf, von seinem Lehnsherrn, dem Kaiser Ferdinand II., am 31. März 1623 das Diplom zur Erhebung eines Zolls auf der Unterweser zu erhalten. Nachdem die Nachbarstaaten Abschriften des Zolldiploms bekommen hatten, wurde am 24. März 1624 bei Harrierbrake die erste Oldenburger Weserzollstätte mit einem Unterzöllner, einem Beseher und einem Schreiber offiziell eröffnet. Die Zollbeamten waren unmittelbar dem Drosten, dem höchsten Verwaltungsbeamten des

Amtsbezirks, unterstellt. Ihre Einnahmen flossen der gräflichen Kammer zu. 1650 waren dies jährlich immerhin schon rund 13 000 Reichstaler.

Die Zollerhebung auf der Unterweser lief jedoch nicht ohne Probleme. Weil die Zöllner keinerlei Rücksicht auf den Stand der Gezeiten oder auf Windverhältnisse nahmen und starre Abfertigungszeiten einhielten, ergaben sich Transport-Verzugszeiten von bis zu zwei Tagen. Auch die Umständlichkeit der Abfertigungsverfahren erntete wenig Begeisterung. So kam es anfänglich nicht selten vor, dass Schiffer einfach an den Zollstätten vorbeisegelten, ohne den zöllnerischen Aufforderungen Folge geleistet zu haben. Besonders die Stadt Bremen beklagte die Zollerhebung auf der Unterweser und bekämpfte sie erbittert. Die Auseinandersetzungen führten zeitweilig sogar so weit, dass Bremische „Wachtschiffe" zu Brake und Elsfleth stationiert und die Oldenburger Zollstätten gelegentlich mit „großen und mit kleinen Stücken" beschossen wurden. Die Bremer errichteten ein Konvoisystem zwischen Blexen und der Huntemündung. Sie beschlagnahmten Schiffe, auf deren Ladungen der Oldenburger Zoll bezahlt worden war. Schließlich errichteten die Bremer sogar einen bremischen Gegenzoll an der Hunte. Da sie auch nicht nachgeben wollten, als 1648 das Oldenburger Zollprivileg in den Text des Westfälischen Friedensvertrags aufgenommen und damit Reichsrecht geworden war, wurden die Bremer 1652 in Reichsacht genommen. Die Lösung aus der Acht bedeutete 1653 für die Hansestadt zusätzliche finanzielle Opfer und politische Schmach.

Nach den napoleonischen Kriegen begann der Niedergang des Weserzolls. Schon 1803 erhielt Herzog Peter Friedrich Ludwig das Fürstbistum Lübeck, das kurhannoversche Amt Wildehausen sowie die münsterischen Ämter Vechta und Cloppenburg als Entschädigung für den Verlust des Weserzolls, der eine wahre „Goldquelle" gewesen war. Peter Friedrich Ludwig wehrte sich mit Vehemenz gegen diesen Tausch. Verständlicherweise, denn Ende des 18. Jahrhunderts brachte der Weserzoll insgesamt rund 130 000 Reichstaler in die Oldenburgische Staatskasse. Trotz allen Widerstands jedoch erlosch das Zollprivileg am 7. Mai 1820 endgültig – unter Protest Peter Friedrich Ludwigs, der entschied, den Zoll an diesem Tag bis zur letzten Minute konsequent einzutreiben.

Die Zollstätte Brake, Herberge der ersten oldenburgischen Zöllner, ist in 375 Jahren natürlich mehrmals umgezogen, heißt heute Zollamt und gehört zum HZA Oldenburg. Und auch heute noch sind Oldenburger Zöllner rechts und links der Weser vertreten. Das einstmals angespannte Verhältnis zwischen den Nachbarn hingegen ist längst einem kollegialen Miteinander gewichen. ■

21 Schon die alten Byzantiner ...

Seit der Mensch sein Territorium von anderen abgrenzt, gibt es Zöllner. Dafür existieren zahlreiche Hinweise. Erstaunlich ist, dass die Aufgaben des Zolls unabhängig von den unterschiedlichen Zeiten und Gesellschaftsordnungen immer wieder gewisse Parallelen aufweisen. Deutlich wird dies auch an drei Zollvorschriften aus byzantinischer Zeit. Diese wurden von Kaiser Markian, der von 450 bis 457 herrschte, erlassen.

I. „Selbst wenn jemand vorbringt, er habe von dem Bestehen der Zollvorschrift nichts gewusst, so ist er doch in die Zollstrafe zu nehmen, wie der göttliche Hadrian bestimmt hat.

II. Zollpflichtig sind: Zimt, langer und weißer Pfeffer, ... Myrrhe, Balsamstaude, Ingwer, ... Aloe, Heilsaft, persischer Gummi, arabischer Onyx, Kardamom, Zimtholz, feines Leinen, Saffianleder, Partherfelle, Elfenbein, indisches Eisen, feiner Flachs, Opal, Perlen, Sardonyx, Rubin, Amethyst, Smaragd, Diamant, Saphir, ... Opium indischer oder ähnlicher Herkunft, Rohseide, ... bunte Musselinstoffe, chinesisches Seidengespinst, indische Kastraten, Löwen und Löwinnen, Pardelkatzen, Leoparden, ... Marokkowolle, Purpurfarbe, indische Haare.

III. Niemand soll sich vermessen, fremden barbarischen Stämmen

Telos, tulla, zol und Zoll – von der Etymologie eines Begriffes

Zol – alle germanischen Sprachen (mit Ausnahme des Gotischen) kennen dieses Wort, das im Althochdeutschen schon seit dem 8. Jahrhundert für Abgaben, etwas später auch für die Zollstelle gebräuchlich ist. Aber woher entspringt dieses Wort? Bereits das vorlateinische *toloneum* bzw. das spätlateinische *toloneum* bezeichnen die Abgabe, aber auch das Zollhaus. Haben wir also von den Römern unseren Begriff entlehnt? Die Sprachwissenschaftler sind sich unsicher. Denn schon vor den Römern muss es im einheimisch-germanischen Sprachraum eine Bezeichnung gegeben haben. Analog zur Wortgruppe von Zahl und zählen rekonstruieren die Wissenschaftler dafür das Wort *tulla* im Sinne von Berechnung. Der Wortstamm begegnet uns heute im englischen *toll* für Maut oder Benutzungsgebühr.

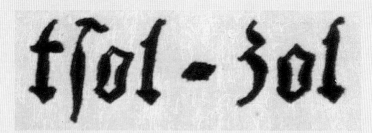

In der Behördensprache der antiken Griechen meinte *télos* geschuldete Zahlungen, also Abgaben, Steuern, Kosten und auch den Aufwand einer Sache. Gehen also die germanischen Worte *tulla* und *zol* auf das Griechische zurück? Oder entwickelten sie sich parallel aus einer gemeinsamen indogermanischen Wurzel? Mit letzter Sicherheit werden wir das wohl nicht feststellen können. Sicher ist dagegen die gemeinsame Wurzel von Philatelisten und Zoll. Was für uns heute nur noch einen Briefmarkensammler bezeichnet, lässt sich im Griechischen folgendermaßen aufschlüsseln: *Phílos* meint den Freund, *téleia* die Abgaben. Das a bedeutet eine Negierung, mithin meint die Ableitung *atéleia* also: keine Abgaben. Somit ist der Philatelist im Grunde ein Freund der Abgabenbefreiung oder eben jemand, der seinem Beförderungsgut in Form einer Briefmarke Abgabenfreiheit bis zum Zielort gesichert hat. ■

irgendeines Volkes ... Rüstungen, Schilde, Bogen, Pfeile, Säbel, Schwerter oder Waffen irgendwelcher Art zu verkaufen. Überhaupt darf von niemandem solchen Leuten etwas an Waffen oder Eisen, sei es nun fertig oder halbfertig, verkauft werden. Denn gefährlich ist es für das römische Imperium und grenzt an Landesverrat, solchen Volksstämmen, denen es an Waffen fehlen soll, diese zu liefern, damit sie stärker werden."

Nicht nur, dass der Gesetzestext ein exotisches und buntes Bild der damaligen Handelsware aufleben lässt. Schon die erste Vorschrift zeigt Parallelen zwischen byzantinischer und heutiger Praxis auf. Ohne den allgemeinen Rechtsgrundsatz „Unwissenheit schützt vor Strafe nicht!" konnte auch damals schon keine ordentliche Zollerhebung garantiert werden. Dieser Grundsatz, der für die Durchsetzung jeder Rechtsordnung wichtig ist, gehörte also schon vor 1550 Jahren zum gesicherten Bestand der Zollrechtspflege. Bei der zweiten, hier ein wenig gekürzten Textstelle handelt es sich – vereinfacht gesagt – um die Waren-Nomenklatur des Zolltarifs. Der Katalog der zollpflichtigen Waren lässt die Absicht erkennen, vorwiegend Luxusartikel wie seltene Gewürze, Edelsteine, teure Stoffe und exotische Tiere als Einnahmequelle des Staates zu nutzen. Vielleicht eine Ausprägung des byzantinischen Sozialstaatsprinzips? Die Höhe des Zolls wird an dieser Stelle nicht festgelegt. Sie bestand meist aus einem bestimmten Anteil der Ladung oder dessen Gegenwert. Interessant bzw. kurios erscheint aus heutiger Sicht, dass Opium und indische Kastraten wie ganz normale Handelswaren eingestuft wurden. Das dritte Beispiel ist ein Exportverbot für Waffen. Dergleichen gibt es auch heute wieder. Schon Kaiser Markian hatte erkannt, dass so ein Verbot nur sinnvoll ist, wenn die Rohstoffe und Halbfertigerzeugnisse, aus denen Waffen hergestellt werden, miterfasst werden.

In ihrer grundsätzlichen Bedeutung ist auch diese Zollvorschrift des Kaisers Markian heute so aktuell wie vor über 1500 Jahren. Vermutlich war ihre Einhaltung mit ein Grund für die Dominanz der Byzantiner, die erst mit der Eroberung der Stadt durch die Türken im Jahre 1453 ein Ende fand. Angesichts des Schicksals anderer Großreiche bewies Byzanz eine Dauerhaftigkeit, die ohne eine gewisse militärische und waffentechnische Überlegenheit kaum vorstellbar ist. Dass dazu letztendlich auch eine gut funktionierende Zollverwaltung gehörte, wird von den Historikern nur selten hervorgehoben. ■

22 1000 Jahre Zoll in Passau

Im September 1999 konnten Passau und das dortige Hauptzollamt auf 1000 Jahre Zoll in der Stadt an Donau und Inn zurückblicken. Anno 999 ernannte Kaiser Otto III. den Passauer Bischof Christian zum weltlichen Oberhaupt der Menschen, die an Donau, Inn und Ilz lebten. Zugleich verlieh er ihm das *teloneum*, das Recht, Zölle, süddeutsch Maut, zu erheben. Damit wurde der Bischof zum ersten urkundlich erwähnten Zöllner in Passau. Zöllner oder Mautner gab es in Passau aber schon viele Jahrhunderte zuvor. So gilt die Inschrift auf einem Grabstein aus dem 2. oder 3. Jahrhundert einem „wohlverdienten" Faustinianus, seines Zeichens Verwalter der illyrischen Zollstation Boiodurum – des heutigen Ortsteils „Innstadt" von Passau. Mit dem Recht, Mautstellen einzurichten und Zölle festzusetzen, hatte Bischof Christian eine außerordentlich wertvolle Einnahmequelle erhalten. Zur Jahrtausendwende gab es in Passau eine so genannte Obere Donaumaut und eine untere Maut am Inn. Ab 1010 wurde zusätzlich noch die Böhmische Maut als Transitabgabe auf dem „Goldenen Steig" nach Passau erhoben. An der unteren Maut wurde hauptsächlich das damals noch kostbare Salz abgefertigt, das von Reichenhall nach Böhmen transportiert wurde. Der Salzhandel war in den kommenden Jahrhunderten denn auch maßgeblich am Aufstieg Passaus beteiligt und eine der Haupteinnahmequellen des Bischofs.

Im Jahre 1217 erhob Kaiser Friedrich II. den Passauer Bischof Ulrich zum Fürstbischof und machte Passau zu einem weltlichen Fürstentum. 1390 erhielt die Stadt von Wenzelslaus, König von Deutschland und Böhmen, das Stapelrecht für Salz und Wein. Jeder durchziehende Salz- und Weinhändler musste also seine Waren in der Stadt abladen und zum Verkauf anbieten. Die Verzollung erfolgte nun nach der „Passauischen Mautordnung". Zehn Jahre später gab es innerhalb der Stadt bereits sieben Maut-Einnahmestellen. Mit den benachbarten Bayern und Österreichern geriet die Stadt immer wieder über Grenzverläufe und zu hohe Zölle in Streit. Nicht selten wurden letztere in „Raubzollrittermanier" eingetrieben. Das Jahr 1506 brachte besonderen Ärger, als die Österreicher unter Kaiser Maximilian eine Mautstelle im nahe gelegenen Wildenranna errichteten. 1555 setzten die Bayern noch eins drauf und erhöhten an ihrem Mauthaus in St. Nikola die Zölle auf Vieh, Getreide und Lebensmittel gezielt gegen Passau. 1617 wurde der österreichische „Aufschläger" von Wildenranna wegen überhöhter Mautsätze sogar verhaftet und zu einer Geldstrafe verurteilt. Berühmt wurde zu Beginn des 17. Jahrhunderts die „bayerische Zollumfahrung von Passau". Weil ihnen die Passauer Maut auf die Transporte von Salz aus Berchtesgaden zu hoch war, brachten die Bayern die Schiffe vom Inn vor Passau an Land und zogen sie mit Hilfe von Rollen aus Baumstämmen an der Stadt vorbei. Hinter Passau setzten sie die Boote mit der kostbaren Fracht dann wieder in die Donau. Als der Bischof seine Zölle regelrecht davonschwimmen sah, kam es 1611 zu den „Berchtolsgadischen Händeln" zwischen dem Erzbischof von Salzburg und Herzog Maximilian von Bayern.

Das Jahr 1803 brachte das Ende für das weltliche Fürstentum Passau. 1806 wurde Bayern Königreich und das nunmehr koeniglich-baierische Fürstenthum Passau dem „Kommerzial-Zoll und Mautverband von Baiern" einverleibt. Mit der königlichen Zollgrenzwache mit ihren Grenzwachstationen und Oberkontrollen entstand 1837 der Grenzaufsichtsdienst, der noch heute beim HZA Passau besteht. In dessen Geschichte fielen so aufregende Ereignisse wie die Wilderer- und Schmugglerschlacht von 1850, als die Zollgrenzwache bei Tusset gleich um 60 Mann des Infanterie-Regiments Seckendorff verstärkt werden musste, um Ruhe und Ordnung wiederherstellen zu können. In der jüngeren Geschichte brachte der EU-Beitritt Österreichs zum 1. Januar 1995 und Tschechiens zum 1. Mai 2004 die letzten einschneidenden Veränderungen. So ist das Hauptzollamt Passau zum 1. Mai 2004 mit anderen in das Hauptzollamt Landshut aufgegangen. ▪

23 Vom „Limes Saxoniae" zum Todesstreifen

Der zehnte Jahrestag des Mauerfalls war 1999 für den Zöllner Dieter Schmidt Anlass, die Geschichte des Zolls in seiner Heimatgemeinde Büchen in einer Ausstellung aufzuarbeiten. „Der Zoll in Büchen und die innerdeutsche Grenze" öffnete Fenster auf eine Grenze, an der Dieter Schmidt selbst 20 Jahre lang Dienst verrichtete. Sie wurde – je nach Status des Betrachters – als Demarkationslinie, Zonengrenze, Staatsgrenze oder innerdeutsche Grenze bezeichnet. Büchen, eine kleine Gemeinde in Schleswig-Holstein, lag von 1945 bis zum 3. Oktober 1990 an der Nahtstelle des geteilten Deutschlands. Schon einmal zuvor, nämlich zur Zeit Karls des Großen, hatte die Geschichte diesen kleinen Ort in eine solche Grenzlage gerückt. Damals bildete der „Limes Saxoniae" – der Sachsenwall also – die Grenze zwischen hüben und drüben. Mit ihr versuchte der Kaiser, sein Reich gegen die Stämme der ungläubigen Barbaren zu sichern.

Zöllner tauchten hier zum ersten Mal am 1. April 1949 auf, als das Zollkommissariat Büchen in der Parkstraße 5 seinen Dienst aufnahm. In den ersten Nachkriegsjahren bestand seine wichtigste Aufgabe vor allem darin, die grenzpolizeiliche Überwachung und die Bekämpfung des Schmuggels an der Demarkationslinie zu sichern. Die Beamten fertigten an den Grenzübergängen aber auch Personen und Waren ab und hatten die Steueraufsicht in den Betrieben. Am 21. Mai 1952 hieß es dann in einer Verordnung des DDR-Ministerrats: „Entlang der Zonengrenze wird eine etwa fünf Kilometer breite Sperrzone errichtet, die weiter unterteilt ist. Ein Streifen von zehn Meter Breite unmittelbar an der Grenze wird abgeholzt und umgepflügt. Bei Betreten schießt die Grenzpolizei ohne Anruf. Die anschließende 500-Meter-Zone darf nur mit besonderem Be-

Kreative Lücke bei der Dienstbekleidung

Weil nach dem Zweiten Weltkrieg in Deutschland die Finanz- und Verwaltungshoheit des Reiches zunächst auf die Besatzungsmächte überging, gab es 1945 bis 1950 unterschiedliche Zolldienstkleidungen in den einzelnen Verwaltungszonen. Improvisation war gefragt, und die Zöllnerinnen und Zöllner trugen Teile der Dienstkleidung der Reichsfinanzverwaltung, Uniformen der Wehrmacht oder eingefärbte Uniformteile der Besatzungsmächte. Im Jahr 2004 überreichte ein Zollbeamter aus Bremen dem Deutschen Zollmuseum in Hamburg ein Schätzchen aus dieser Zeit ohne einheitliche Dienstbekleidung: ein Mützenabzeichen, das von 1947 bis 1951 in der britisch besetzten Zone getragen wurde. Das Abzeichen wurde von einem Oldenburger Künstler entworfen und besteht aus silberfarbigem Metall. Das Emblem für den Landzolldienst ist grün und das für den Wasserzoll blau emailliert. Die Buchstaben ZGS bedeuten Zollgrenzschutz. Die Trageweise des Mützenabzeichens wurde im April 1947 auf einer Tagung der Inspekteure des Zollgrenzschutzes gemeinsam mit dem britischen *Controller General* folgenderweise bestimmt:

„Beim Zollgrenzschutz Land an der Einheits-Feldmütze über den beiden Knöpfen, die den Ohrenschutz zusammenhalten, auf der Mitte der Naht und bei der Schirmmütze des Zollgrenzschutzes Land und des Zollgrenzschutzes Wasser innerhalb des Akanthuskranzes (silberner Kranz aus gezackten Blättern der Akanthuspflanze) – anstelle der früheren Kokarde."

Als nach der Gründung der Bundesfinanzverwaltung die erste Bekleidungsvorschrift für die Beamten der Bundeszollverwaltung im März 1951 in Kraft trat, wurden auch die ZGS-Mützenabzeichen abgelegt. ■

rechtigungsausweis der Grenzpolizei betreten werden." Doch auch nach dem Bau dieser Sperrzone gelang noch vielen Menschen die Flucht in den Westen. 1960 begann die DDR deshalb, den Zehn-Meter-Streifen unmittelbar an der Grenze zu verminen und Hundelaufanlagen einzurichten. Doch die Menschen flohen weiter. Als dann der alte Stacheldrahtzaun nach und nach brüchig wurde, errichtete man 1970 einen neuen Metallgitterzaun und installierte Selbstschussapparate. Das unmenschliche Sperrwerk wurde nun zum Todesstreifen. 926 Menschen haben an ihm ihr Leben lassen müssen.

Im November 1999 jährte sich jener Tag zum zehnten Mal, als das DDR-Regime mit seiner Mauer stürzte. In der dreiwöchigen Ausstellung „Der Zoll in Büchen und die innerdeutsche Grenze" zeigte der Zöllner Dieter Schmidt aus diesem Anlass zahlreiche Objekte zur der Geschichte des Büchener Zolls und Exponate zum Thema innerdeutsche Grenze. Viele Stücke stammten aus seinem eigenen

Fundus. Andere steuerte das Deutsche Zollmuseum in Hamburg als Leihgabe bei. So zum Beispiel den DDR-Schießkoffer. Er sieht auf den ersten Blick aus wie die ganz gewöhnlichen Koffer aus schwarzem Kunststoff, in dem die DDR-Zöllner Formulare, Stempel und Schreibgeräte aufzubewahren pflegten. Doch dieses Exemplar war in Wirklichkeit eine tödliche Waffe, wie sie in einem James-Bond-Movie nicht besser hätte dargestellt werden können. Durch eine runde Öffnung in der Kofferseite ragte kaum sichtbar der Lauf einer tschechischen Skorpion-Maschinenpistole. Ein Zug an einer Metallschiene am Kofferschloss genügte, um die Waffe auszulösen. Mit einer Scheibe an der Rückseite des Koffers konnte von Einzel- auf Dauerfeuer umgestellt werden.

Zur Eröffnungsfeier der Ausstellung, die sich auf diese Weise kritisch mit der DDR beschäftigte, erschienen rund 100 Gäste. Bei dieser Gelegenheit trafen sich auch Zollbeamte des Zollkommissariats Büchen mit ehemaligen Grenzsoldaten der DDR und tauschten Erinnerungen aus, die sie zwar getrennt, aber auch irgendwie gemeinsam erlebt hatten. ■

24 Grün, grün, grün sind alle meine Kleider ...

Schnitt, Farbe, Accessoires: Zoll-Uniformen im Wandel der Zeit spiegeln nicht nur deutlich das Modebewusstsein der jeweiligen Epoche wider. Auch Veränderungen von Aufgaben und Funktion der Beamten fanden ihren Niederschlag in der täglichen Arbeitsgarderobe. ■

Zollverwalter 1845   *Oberzollinspektor 1882*   *Grenzaufseher zu Fuß 1901*
Schleswig und Holstein   *Preußen*   *Preußen*

Zollinspektor 1922   *Zollinspektor 1934*
Reichszollverwaltung

Zollinspektor 1951   Zollinspektorin 1965
Bundeszollverwaltung

Zollbeamtin 1972   Wasserzollbeamter 1972
Bundeszollverwaltung

Landzollbeamte 2000
Bundeszollverwaltung

Grenzaufsichtsdienst
Mobile Kontrollgruppen 2005

25 Mit dem Porsche gegen Schmuggler

Sie lieferten sich einst in einem Porsche rasante Verfolgungsjagden mit Kaffeeschmugglern. Der Rennwagen war in James-Bond-Manier mit hydraulisch absenkbaren Stahlbesen und Räumblechen vor tückischen Angriffen auf die Reifen geschützt. An die schnellsten Zöllner Deutschlands erinnert heute mit Bildern und Dokumenten das Zollmuseum Friedrichs, das in Aachen-Horbach in dem Gebäude eines ehemaligen Zollamts untergebracht ist. Das Aachener Zollmuseum dürfte neben dem Deutschen Zollmuseum in Hamburg die bedeutendste zollgeschichtliche Sammlung in Deutschland besitzen. Auf Initiative des ehemaligen Vorstehers des Hauptzollamts Aachen-Nord, Christian Friedrichs, entstanden, bietet es auf 800 m² Ausstellungsfläche rund 3 000 Exponate. Das Panorama zöllnerischen Lebens, das dort für die Besucher entsteht, reicht vom Altertum über das Mittelalter, die napoleonische Besatzungszeit und die Gründung des deutschen Zollvereins bis hin zur Schaffung der EU mit dem Maastrichter Vertrag und der Einführung des Euro.

Dem „Aachener Reich", erstmals im Jahre 1338 als solches bezeichnet, widmet die Sammlung besondere Aufmerksamkeit. Rund um die Erhebung von

Zöllen und Akzisen an den Stadttoren Aachens, das seine Stellung als freie Reichsstadt und damit auch das „Privileg der Zollhoheit" erst mit der Besetzung des Rheinlandes durch die Franzosen im Jahre 1794 verlor, werden viele Geschichten erzählt. Auch „moderne" alte Zeiten, als an der „sündigen Grenze"

Das Fastnachtshuhn

Hinter dem Begriff „Fastnachtshuhn", auch „Fastabendhuhn", verbirgt sich weder eine karnevalistische Brauchtumsfigur noch eine Person weiblichen Geschlechts, die die Fastnacht besonders begeistert feiert. Vielmehr war die Fastnacht in früheren Zeiten und nachweislich schon im Jahre 1338 auch Zinstermin, das heißt ein Zahlungstermin für Naturalabgaben. An Fastnacht hatten die Tributpflichtigen ihren Herren den Hühnerzins in Form des Fastnachtshuhnes abzuliefern. Anders als die Entrichtung von Abgaben nach modernem Recht war die Ablieferung des Fastnachtshuhns allerdings kein anonymer Vorgang, der sich lediglich auf den Bankauszügen der Betroffenen widerspiegelte. Vielmehr revanchierte sich die Herrschaft bei ihren Hintersassen für das Fastnachtshuhn durch eine Bewirtung mit dem Fastnachtskuchen. ■

nach dem Zweiten Weltkrieg der Kaffee- und Zigarettenschmuggel blühte, werden im Aachener Zollmuseum wach. Zu sehen sind „Krähenfüße", „Igelketten" und Nagelbretter, die damals ebenso zum alltäglichen Handwerkszeug im Kampf zwischen Schmugglern und Zöllnern gehörten wie schnelle Motorräder und Sportwagen.

Im Keller des Museums sind beschlagnahmte Schwarz- und Geheimbrennereien zu besichtigen. Gleich nebenan findet man dort sogar eine alte Schusterwerkstatt, in der früher die Dienstschuhe der Zöllner maßgefertigt wurden. Besonders beeindruckt der Raum, in dem die Bekämpfung der Produktpiraterie und der Artenschutz im Mittelpunkt stehen. Ein zähnefletschender Braunbär, Riesenschildkröten, Echsen und Raubvögel: Viele Präparate vom Aussterben bedrohter Tiere und zahlreiche Exponate gefälschter Markenartikel lassen Sinn und Zweck dieser relativ neuen Aufgabengebiete des Zolls für die Besucher deutlich werden.

Das Museum ist auch eine wahre Fundgrube für alte Uniformen, Requisiten, Hilfsmittel, Geräte und Dienstvorschriften, die das Arbeitsleben der Zollbeamten einst bestimmt haben. Und ganz sicher werden selbst Besucher und Besucherinnen älterer Generationen überrascht sein, wenn sie erfahren, dass zur Dienstkleidung des Zöllners auch einmal die Ritterrüstung gehörte. (Adresse und Öffnungszeiten s. Seite 142) ■

26 Zöllner als Helfer Hitlers

Während der nationalsozialistischen Gewaltherrschaft bestimmte nicht nur das traditionelle Zoll- und Verbrauchsteuerrecht die Arbeit der deutschen Zollverwaltung, sondern auch jene Politik des Antisemitismus, Rassismus und Terrors, die schließlich im Holocaust endete. Damit dies nicht vergessen wird, hat Gerd Blumberg, heute Leiter des Hauptzollamtes Münster, Akten des Staatsarchivs Münster aus jener Zeit ausgewertet und zusammen mit der Oberfinanzdirektion Münster eine „Geschichte der Finanzverfassung und -verwaltung in Westfalen seit 1815" herausgegeben. Die Beteiligung von Zollbeamten an Maßnahmen zur Durchsetzung der nationalsozialistischen Gewaltherrschaft ging demnach weit über Mitläufertum oder reine Diensterfüllung hinaus. Am 9. November 1938 beteiligten sich in verschiedenen Orten Westfalens neben SS, SA und Polizei auch Einheiten von Zöllnern an den Ausschreitungen der Pogromnacht, in deren Verlauf Juden misshandelt und getötet, ihre Häuser und Synagogen zerstört wurden. Als das Landgericht Münster im Jahre 1949 einen dieser Zollbeamten als Haupttäter verurteilte, erkannte es strafmildernd an, dass er von seiner Behörde zum Tatort befohlen worden war. Eine Rechtfertigung? Blumberg liefert in der „Geschichte der Finanzverfassung und -verwaltung in Westfalen" zahlreiche erschütternde Beispiele dafür, dass Zollbeamte bei der Erledigung ihres Dienstes stets gerne und eifrig im Sinne der Nazi-Ideologie tätig waren. Zwei Bereiche waren ganz besonders in das Unrechtssystem der Nazis verstrickt: Der Zollfahndungsdienst und der Grenzaufsichtsdienst.

Fanden die aus Deutschland vertriebenen Juden zunächst noch legale Wege, ihren Besitz und ihr Vermögen ins Ausland mitzunehmen, so sorgten Finanz- und Zollbeamte später in enger Zusammenarbeit mit der Gestapo dafür, dass dies immer schwieriger und schließlich ganz unmöglich wurde. Auswanderungswillige Juden wurden auch durch den Zoll (s. Foto rechts von 1936) systematisch überwacht und kontrolliert. Als nach der Pogromnacht vom 9. November 1938 eine Fluchtwelle jüdischer Emigranten einsetzte, „stellte die Bekämpfung der jüdischen Kapitalflucht außerordentliche Anforderungen an die Beamten." So jedenfalls der Leiter der westfälischen Zollfahndungsstelle. Schließlich verfügte das Reichsfinanzministerium sogar, dass der Einsatz der Zollfahndung zur Bekämpfung von Schmuggel und Steuerhinterziehung zu Gunsten der Überwachung ausreisender Juden zurückzustellen sei. Wie vielen Juden die

Flucht dadurch unmöglich gemacht wurde, so dass sie schließlich in den Konzentrationslagern den Tod fanden, lässt sich nicht feststellen.

 Auch die westfälischen Zollgrenzbeamten – über 660 waren es 1939 für einen 105 Kilometer langen Grenzabschnitt zu Holland – überwachten die jüdischen Auswanderer und nahmen zahlreiche Flüchtende fest. Anfangs ließ man die meisten Juden wieder frei, weil eine Abschiebung nach der NS-Ideologie im deutschen Staatsinteresse lag. Gelegentlich half man flüchtigen Juden deshalb sogar, auf Nebenwegen die holländische Grenze zu überschreiten. Nur Juden, die bei ihrer Festnahme eines Devisenvergehens überführt wurden, entkamen dem Terror nicht. In einem anderen Fall sorgte ein willfähriger Zöllner dafür, dass einem Mann wegen Rassenschande der Prozess gemacht werden konnte: Der Beamte hatte bei dem Juden Fotos einer nichtjüdisch aussehenden Frau gefunden.

Nach dem 23. Dezember 1938 war nach einem Befehl der Geheimen Staatspolizei „mit allen Mitteln jede illegale Auswanderung von Juden zu verhindern und wegen illegaler Überschreitung der Grenze aufgegriffene Juden festzunehmen und in ein KZ zu überführen." Die Gestapostellen an der Grenze ignorierten diesen Abschiebestopp anfangs und ließen noch im Januar 1939 wiederholt jüdische Flüchtlinge frei. Ganz anders beim Zoll. Ein Bezirkszollkommissar beschwerte sich sogar beim vorgesetzten Hauptzollamt darüber, dass die Gestapo immer noch die illegale Ausreise zulasse. Ein unterschiedliches Vorgehen von Zoll und Gestapo schien ihm in dieser Frage nicht hinnehmbar – ein Dienststellenleiter also, der sich noch linientreuer als die gefürchtete Gestapo verhielt. Ein Einzelfall?

Dass Zollbeamte sich an der Verfolgung und der Deportation von Juden beteiligten, wurde nach dem Krieg verdrängt und geleugnet. Langsam scheint sich ein Wandel zu vollziehen. Blumbergs Arbeit floss auch in die Wanderausstellung „Verfolgung und Verwaltung – Die wirtschaftliche Ausplünderung der Juden und die westfälischen Finanzbehörden" ein, die im Jahr 2000 in der Bundesfinanzakademie in Brühl zu sehen war. ■

75

27 Der Zoll von Paris

Louis-Sébastien Mercier widmete in seinem 1789 auch in Deutschland erschienenen Werk „Neueste Gemälde von Paris" den Schlagbäumen des Pariser Zolls ein kleines, aber äußerst kritisches Kapitel.

„Schlagbäume – Gemeinhin sind sie aus Tannenholz und seltener aus Eisen; sie könnten aus reinem Gold sein, würde man sie aus dem, was sie einbringen, verfertigen. (Es gibt sechzig Schlagbäume an den Außenstellen und Einfallstraßen der Vororte, davon vierundzwanzig Hauptschlagbäume und zwei Einlässe auf dem Wasser, wozu zwei Zollschiffe dienen.) Am Schlagbaum taucht ein Zollbeamter im langen Überrock, mit armseligen hundert Pistolen Verdienst jährlich, die Augen immer offen, sich niemals nur einen Schritt entfernend – er säse auch eine Maus vorbeilaufen –, am Schlag jeder Kutsche auf, öffnet unversehens und fragt euch: ‚Haben Sie etwas, das gegen die Order des Königs verstößt?' Man muss immer antworten: ‚Sehen Sie nach', und nie etwas anderes. Dann steigt der Zollbeamte ein, nimmt die lästige Durchsuchung vor, steigt wieder aus und schließt den Wagenschlag. Man verwünscht ihn lauthals oder ganz leise, es schert ihn kaum. Wenn er etwas Zollpflichtiges findet, das ihr nicht angegeben habt, dann nimmt er ein Protokoll auf, und Nicolas Salzard[1] erhebt von euch ein Bußgeld, weil er für das Steuerpachtamt steht; und wenn dieses Amt eines Tages reif ist zum Hängen, dann braucht man schließlich nur ein einziges Individuum am Hochgalgen aufzuknüpfen.

Kein Gefährt wird von der Durchsuchung ausgenommen; nur die der Fürsten und Minister lässt man passieren, weil Nicolas Salzard vor ihnen ein bisschen Respekt hat. Selbst die hohen Steuerbeamten und die Generalsteuerpächter sind der Durchsuchung unterworfen. Täglich wird von den achtbarsten

---

[1] Nicolas Salzard: Ein vom König beliehener privater Zollpächter. Während der Revolution machte man den meisten Steuerpächtern den Prozess. Allein am 6. Mai 1794 wurden 28 von ihnen auf die Guillotine geschickt.

Menschen der Welt eine Unzahl von Lügen vorgebracht. Man macht sich einen Spaß daraus, die Steuerverwaltung zu betrügen, und die Verschwörung ist allgemein; man spendet sich dafür Beifall und brüstet sich damit. Ist eure Tasche prall gefüllt, befühlt der Zöllner sie euch. Alle Pakete werden geöffnet. An bestimmten Wochentagen treffen die Ochsen ein und versperren den Durchlass länger als zwei Stunden; ihr müsst ihnen den Vortritt lassen, man hat das Haupttor geschlossen und eine Pforte geöffnet, die jedes Tier einzeln durchlässt; der Zöllner zählt die ganze Herde, wonach ihr passieren könnt, so es euch recht ist. Seid ihr Fabrikant oder Kaufmann? Euer Ballen geht zur Zollstelle. Selbst wenn der Verbraucher auf die Ware wartet, tauchen da Männer auf, die zu euch sagen: ‚Machen Sie alles auf, damit ich sehe, damit ich prüfe, damit ich wiege, damit ich vor allem besteure.‘ Man zahlt, man betritt zehn Büros; man leistet zwanzig Unterschriften für einen Ballen oder einen Koffer.

Da könnt ihr murren, euch beschweren, reden, nachweisen, das sei Wahnsinn, das Den-Handel-Hemmen heiße, dem Wohlstand des Staates Abbruch tun: Die Zöllner und Lastträger vom Zoll hören euch gar nicht. Man könnte meinen, dass alle Ballen konfisziert seien, ihnen gehörten, und dass sie euch nur aus reiner Großmut zurückgegeben werden.“ ■

Freye Einfuhr nach Paris,
den 1. May 1791.

Auf der Mauer, auf der Lauer

Eine Stadtmauer, das ist klar, diente gemeinhin dem Schutz und der Verteidigung einer Stadt gegen Feinde von außen. Zu diesem Zweck hatte sie Befestigungsanlagen, Verteidigungswälle und Schieß-scharten. Doch in Paris war eine, die hatte keine. Die sechste Stadtmauer von Paris, die zwischen 1784 und 1787 errichtet wurde, war einzig und allein dazu da, eine befestigte Steuergrenze gegen Schmuggler zu bilden. *L'enceinte des fermiers généraux* hieß sie, die Stadtmauer der Zolleintreiber. Die Mauer war 3,30 Meter hoch und sieben Meilen lang, sie umschloss eine Fläche von 3 370 Hektar. Die massive Steinkonstruktion war so gearbeitet, dass das Besteigen nur schwer möglich war: Auf einen Sockel unbehauener Steine folgten in der Mitte glatt gearbeitete Wände. Der obere Rand wurde von Wappen, Sonnen und Verzierungen geschmückt. 50 streng und bedrohlich wirkende Stadttore ermöglichten Einlass in die Stadt. Zur einhelligen Empörung der Bevölkerung von Paris wurden hier auf alle mitgeführten Waren Steuern und Zölle erhoben. Das Generalsteuerpachtamt – ein privates Unternehmen – erlangte durch die Zollmauer ein Höchstmaß an Unbeliebtheit, die sich in dem Wortspiel „Le mur murant Paris rend Paris murmurant" – Die Paris ummauernde Mauer bringt Paris zum Murren – niederschlug. Mindestens ein Drittel seines Einkommens musste jeder Einwohner der Stadt an Steuern und Abgaben aufwenden. Die gewaltigen Herstellungskosten der Mauer sollten sich so schon nach rund sechs Jahren amortisieren. Diese Rechnung ging jedoch nicht auf: Bereits zwei Jahre nach Vollendung der Zollmauer brach die Französische Revolution aus, während der die meisten privaten Zoll- und Steuerpächter ihre Geldgier auf der Guillotine mit dem Leben bezahlten. ■

28 Bissig: Karikaturen „Zollsatire – Grenzhumor"

Anfang 2001 durfte herzlich mit dem Zoll – und über ihn – gelacht werden. In einer Sonderausstellung zeigte damals das Deutsche Zollmuseum aus seinem reichen Fundus unter dem Titel „Zollsatire – Grenzhumor" zum Thema Zoll Karikaturen vom 18. Jahrhundert bis heute. Mit Schmäh und Spott, harscher Kritik und derber Bissigkeit wurden Grenzbeamte in Grafiken und Zeitschriften wie beispielsweise „Kladderadatsch" und „Simplicissimus" auf die Schippe genommen. Die Künstler legten mit ihrer spitzen Feder auch ein interessantes Zeugnis darüber ab, wie sich das Bild der Zöllner im Laufe der Jahrhunderte gewandelt hat. ■

Die getäuschte Finanzwache oder: Die neue Mode als Mittel zum „Schwärzen" (1891)

„...ich glaube ihm nicht!"

„Bella von Felseneck, Haar dunkel, gelockt, geboren 1951 – bitteschön, gnä' Frau, ist das jetzt ihr Paß oder der Stammbaum von Ihrem herzigen Hunderl?"

Verwaltung statt Grenzkontrollen

29 Kaffeeschmuggel im Nachkriegsdeutschland

Schon bald nach dem Ende des Zweiten Weltkrieges brach an der deutschen Grenze zu Belgien und den Niederlanden ein neuer Konflikt aus: Der „Kaffeekrieg", der eine manchmal sogar tödliche Feindschaft zwischen den Zöllnern und den Schmugglern im Grenzgebiet auslöste. Neue Nahrung erhielt diese Auseinandersetzung, als die amerikanische und britische Militärregierung im Jahre 1948 eine Steuer auf Rohkaffee in Höhe von 30 Mark je Kilogramm einführte, die allerdings kurz danach auf zehn Mark gesenkt wurde.

Schusswechsel zwischen Zöllnern und Schmugglern waren damals an der Tagesordnung. Dementsprechend wurde aufgerüstet. Schmuggelfahrzeuge wurden durch den Einbau von Stahlplatten schusssicher hergerichtet, und als Höhepunkt wurde schließlich sogar ein ausgedienter Panzerspähwagen für Schmuggelfahrten eingesetzt. Allein im Grenzraum Aachen sollen nach glaubhaften Schätzungen 53 Schmuggler von Zöllnern in Ausübung ihres Dienstes getötet worden sein. Und in der Gegend um Heinsberg erzählt man sich noch heute die schreckliche Begebenheit, bei der ein Zöllner mit nur einem Karabinerschuss zwei hintereinander gehende Schmuggler, zwei Brüder, tödlich verletzt hatte. Aber auch Zöllner mussten den Kampf gegen den Kaffeeschmuggel mit dem Leben bezahlen. Dies sind Vorgänge, die aus heutiger Sicht völlig unvorstellbar erscheinen, damals aber zur Normalität des Zölleralltags gehörten. Rasante Verfolgungsfahrten mit schweren Motorrädern, ja sogar mit einem Porsche, der eigens mit einer „Krähenfußabwehranlage" ausgestattet war, gehörten zur Alltagsarbeit der Kollegen. Damals wusste jedes Kind, dass Krähenfüße raffiniert gestaltete Konstruktionen waren, die auf die Straße geworfen wurden und für verfolgende Zollfahrzeuge stets einen reifenzerstörenden Dorn nach oben ragen ließen.

Kaffee: Genuss auch für den Fiskus

Im Jahre 1683 öffneten in Wien die ersten Kaffeehäuser, in denen zunächst die Kaffeevorräte verbraucht wurden, welche die abziehenden Türken nach der aufgegebenen Belagerung Wiens zurückgelassen hatten. Ein gutes Jahrzehnt später gab es solche Etablissements bereits in Leipzig, Nürnberg, Regensburg und Frankfurt am Main. Wie so manche neue Verbrauchergewohnheit bekämpfte die Obrigkeit auch den Kaffeegenuss erst einmal. Immerhin musste Kaffee gegen harte Währung importiert werden. Und diese gehörte wohl besser zu Gunsten der eigenen Volkswirtschaft ausgegeben. So empfahl der Bischof von Hildesheim im Jahre 1780 den deutschen Männern, statt Kaffee doch lieber Bier und Branntwein zu trinken. Wer sich aber unterstünde, Bohnenkaffee zu kaufen, dem würde der ganze Vorrat „konfisciert".

Friedrich der Große versuchte 1781, die „Consumtion" von Kaffee als „Überfluss-Waare" durch Besteuerung und Monopolisierung des „Kaffeebrennens" einzudämmen. Der Verkaufspreis des Kaffees wurde auf neun Pfennige für ein Loth (1/32 Pfund) festgesetzt. Fabrikanten und Händler mit einem Umsatz von mehr als 20 Pfund im Jahr konnten bei den „Accise-Ämtern" einen Brennschein beantragen und ihren Kaffee selbst rösten. Zur Steueraufsicht wurden zunächst 200 Invaliden aus dem Siebenjährigen Krieg eingesetzt. Zwei Jahre später waren es bereits 400 Invaliden. Sie erhielten monatlich sechs Reichstaler Gehalt und jedes Jahr eine neue Uniform aus blauem Tuch, einen Hut und ein Paar Stiefel. Das Volk bedachte die königlichen Kontrollbeamten, die bei ihrer Arbeit zumeist der Nase nach gingen, mit dem Schimpfnamen Kaffeeriecher oder Kaffeeschnüffler. Diesen schien bei ihrer Arbeit jedoch kein großer Erfolg beschieden. Um den Schmuggel und Schleichhandel mit Kaffee einzudämmen, wurde 1784 die Kaffeesteuer („caffee-aufschlags-impost") von sechs Groschen zwei Pfennige auf drei Groschen zwei Pfennige je Pfund gesenkt. 1787 musste dann sogar die „Weizenkonsumtions-Accise" erhöht werden, um die Einnahmeausfälle bei der Kaffeesteuer und der Tabaksteuer auszugleichen. ■

Geschmuggelt wurde allerdings nicht nur Kaffee, sondern auch Zigaretten, Alkohol, Butter und sogar Eier. Im Jahr 1949 betrug der Steuer- und Zollausfall in der Grenzregion 360 Mio. Mark. Allein im Dezember 1949 beschlagnahmten Aachener Zöllner 103 000 Zentner Kaffee, 407 000 Zigaretten, 241 Kilogramm Schokolade, 67 Kilogramm Kakao und sieben Kilogramm Tabak. Mancherorts sollen an Sonn- oder Feiertagen die Menschen zu Hunderten, ja Tausenden durch die Wälder der Eifel gestreift sein, und sei es nur, um ein paar Kilo Kaffee für den eigenen Bedarf zu schmuggeln. Obwohl die Zöllner Anweisung hatten, den Schmuggel mit aller Härte zu bekämpfen, waren sie dieser übermächtigen Flut von Schmugglern nicht gewachsen.

Und so wie der Kölner Erzbischof Frings damals einen überlebensnotwendigen Diebstahl als unschädlich für das Seelenheil der Gläubigen bezeichnete (und man danach in Köln nicht mehr klauen, sondern „fringsen" ging), so lieferte auch der Pfarrer von Schmidtheim in der Eifel den Angehörigen seiner Gemeinde von der Kanzel herab geistlichen Beistand bei der Aufarbeitung ihrer Schmuggelgänge. Zum Dank dafür sollen die Spenden der Schmidtheimer schon bald zum Bau eines besonders schönen und großen Gotteshauses – im Volksmund St. Mokka genannt – gelangt haben. Zeitzeugen schätzen, dass damals rund die Hälfte der Bevölkerung in der Region zwischen dem Rhein und der Westgrenze an Schmuggelgeschäften beteiligt gewesen war. In Aachen soll so gut wie jede Familie geschmuggelt haben, manche Schmuggler transportierten Kaffee sogar im Leichenwagen. Inzwischen sind diese Taten längst verjährt. Damals aber verhängten die Gerichte hohe Haft- und Geldstrafen. Aber statt der Drahtzieher und Hintermänner erwischte es meist nur die mittellosen Kaffeesackschlepper. Die Verhältnisse änderten sich erst, als im Jahre 1953 die Kaffeesteuer mit einem Schlag von zehn auf drei Mark je Kilogramm gesenkt wurde. Fortan war der Kaffeeschmuggel entsprechend weniger lohnenswert und wurde mehr oder weniger zum Privatvergnügen. ■

30 „Moby Dick" und der Zoll

„Und wer am Zoll sitzt, ohne reich zu werden, ist ein Pinsel", erklärt der intrigante Carlos seinem Freund Clavigo in Goethes gleichnamigem Trauerspiel. Damit spielte der Autor sicherlich nicht auf die Höhe der Gehälter an, die der Zoll seinerzeit seinen Bediensteten zahlte. Wer zu Zeiten des Dichterfürsten beim Zoll arbeitete, wurde zwar nicht üppig besoldet, die Auszahlung der Gehälter erfolgte aber mit monatlicher Regelmäßigkeit. Diese finanzielle Sicherheit war es, die einige der größten Literaten aller Zeiten – zumindest vorübergehend – zu Zöllnern werden ließ.

So arbeitete beispielsweise der amerikanische Schriftsteller Nathaniel Hawthorne (1804 – 1864) von 1839 bis 1841 als Zollinspektor in Boston und von 1846 bis 1849 als Chef des Zollamts in seiner Heimatstadt Salem. Von seinen Erzählungen, die er selbst als „das unprofitabelste Geschäft der Welt" bezeichnete, konnte Hawthorne kaum leben, seinen ersten Roman veröffentlichte er sogar auf eigene Kosten. Erst sein Meisterwerk, der 1850 erschienene Ehebruch-Roman „Der scharlachrote Buchstabe", brachte ihm Ruhm und finanzielle Unabhängigkeit. In einem langen, „Das Zollhaus" benannten Vorwort hat Hawthorne seine Tätigkeit und seine Kollegen beschrieben und hält fest, dass seine Zeit beim Zoll eine wertvolle Erfahrung für ihn darstellte: „Es ist eine gute Lektion ... für einen Mann, der von literarischem Ruhm träumt, ... aus dem engen Kreis, in dem seine Ansprüche anerkannt werden, herauszutreten und zu sehen, wie bedeutungslos alles, was er erreicht hat, außerhalb dieses Kreises ist."

Der bekannteste amerikanische Zöllner dürfte sicherlich Herman Melville (1819 – 1891) sein, ein guter Freund Hawthornes, dem er auch seinen Roman „Moby Dick" widmete. „Moby Dick", heute ein Dauerseller und als eines der bedeutendsten Werke der nordamerikanischen Literatur angesehen, war bei seinem Erscheinen 1850 ein großer Misserfolg – das Publikum, vor allem das amerikanische, war noch nicht reif für Melvilles Kunst. Nach jahrelanger finanzieller Bedrängnis trat der Romancier deshalb 1866 eine Stelle als Zollinspektor im Hafen von New York an, die er 20 Jahre innehatte. Für Melville hatte die Tätigkeit als Zöllner zwei Vorteile: Einerseits sicherte sie ihn finanziell ab, andererseits ließ sie ihm aber auch genügend Zeit zur Verwirklichung literarischer Ideen. Sein 1876 erschienenes Epos „Clarel" belegt, dass Melville sich in seinen Jahren als Zöllner nicht nur der Abfertigung von Schiffen, sondern auch weiterhin der Schriftstellerei widmen konnte.

Nicht nur in Amerika, auch in der „Alten Welt" gab es zahlreiche Literaten, die zu irgendeinem Zeitpunkt ihres Lebens Zöllner waren. Einer der ganz Großen war der französische Schriftsteller Émile Zola (1840 – 1902), der Begründer und Wegbereiter des literarischen Naturalismus. Bevor Zola, einer der meistgelesenen Schriftsteller überhaupt, damit begann, seine über 30 Romane zu verfassen, verdiente er sich nach nicht bestandenem Abitur seinen Lebensunterhalt unter anderem als Zöllner im Pariser Seine-Hafen. Nicht zuletzt durch den auf diese Weise unvermeidlichen Kontakt zu den Hafenarbeitern machte Zola erste Bekanntschaft mit den Facetten des „normalen" Arbeits- und Arbeiterlebens, was sich auch im realistischen und naturalistischen Stil seiner Werke widerspiegelte. Jedenfalls lässt Zolas spätere, im Hinblick auf sein literarisches Programm gemachte Aussage „Ich war versessen auf haargenaues Untersuchen" noch ziemlich deutlich den ehemaligen Zöllner erkennen. Zolas literarische Erfolge waren übrigens so groß, dass er 1908, sechs Jahre nach seinem Tod, ins Pantheon überführt wurde: Er dürfte damit der bislang einzige Zöllner sein, dem eine solche Ehre zuteil geworden ist. ■

Melville   Zola   Hawthorne

31 „Geisha vom Eichenhof" – Kleiner Spürhund ganz groß

Vor fast 50 Jahren, am 1. Oktober 1956, begann für den legendären Cocker-spaniel „Geisha vom Eichenhof" eine beispiellose Karriere als Spürhund: An diesem Tag wurde die Hündin in den aktiven Schnüffeldienst übernommen. Schon auf Grund ihrer Abschlussnote – „summa cum laude" – war ihrem Zollhundeführer, dem inzwischen verstorbenen Emmericher Zollmaschinisten Heinrich Kersjes, klar, dass er eine ausgezeichnete Dienstbegleiterin erhielt. Das Besondere an „Geisha vom Eichenhof": Sie wurde als weltweit erster Zollhund auf das Aufspüren von Kaffee, Tee und Tabakwaren abgerichtet. Die damalige Zollhundeschule Rehde bildete den Cockerspaniel streng nach den „Richtlinien für die Ausbildung und den Einsatz von Spürhunden" von 1954 aus. Diese Vorschriften betonten in einfühlsamer Weise, dass der „kleine Spürhund" nicht genauso wie ein normaler Zollhund zu führen sei, und legten sensible Verhaltensregeln fest: So durfte der Cockerspaniel „...entsprechend seinem sehr anschmiegsamen Wesen nur mit großer Geduld und stets liebevoller Freundlichkeit ohne jeden Zwang und ohne Drohung behandelt werden, damit er lernt, das von ihm Geforderte mit lustbetonter Freundlichkeit zu verrichten."

Der Zollstock – das Maß aller Dinge

Was ein Zollstock ist, weiß nicht nur jeder Heimwerker, sondern fast jedes Kind. Die gängigen Nachschlagewerke definieren ihn als einen zusammenklappbaren Maßstab aus Holz oder Kunststoff mit Längen von einem oder zwei Metern in Millimetereinteilung. Seinen Namen hat der Zollstock von der ursprünglichen Maßeinheit, in die er früher unterteilt war: dem Zoll. Zollstöcke ganz anderer Art und Funktion überliefert die Geschichte der Zollerhebung. Ähnlich dem Opferstock in der Kirche war er ein Behältnis mit Eisenbeschlag und Verschluss, in den der Zoll und das Wegegeld einfach hineingelegt wurden. Solche Behälter befanden sich

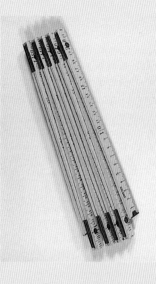

unter anderem in Reutlingen an der Honauer Steige und in der Betzinger Mark. Auch am „Weißen Stein" bei Ahrweiler, an der Landesgrenze zwischen Jülich und Köln, gab es schon im Jahre 1500 einen Zollstock. Ein gutes Jahrhundert später, im Jahre 1607, erwähnen die Geschichtsbücher einen weiteren, der auf der Brücke in Lindau stand.

Doch der Zollstock hatte früher noch eine weitere Bedeutung. Er markierte deutlich sichtbar Zollgrenzen und kündigte Zollstätten an. Dies half den Reisenden auf ihrem Weg durch die zahlreichen Kleinstaaten nicht nur, sich zu orientieren. So wussten sie zu ihrem Leidwesen auch immer sehr schnell, wann sie neue Abgaben zu entrichten hatten. Wer heute den Kölner Vorort „Zollstock", die Straße „Am Zollstock" in Göttingen oder den „Zollstock am Toten Mann" auf dem Rennsteig zwischen Eisenach und Ruhla passiert, weiß, dass hier die Kollegen von anno dazumal ihre Pflicht taten. Auch die Zollstöcke am Treffpunkt alter Handelswege, wie dem Fulda-Gelster-Weg oder dem Nieste-Helsa-Weg im Kaufunger Wald, geben noch heute Zeugnis von Stätten ehemaliger Zollerhebung. Schon damals also war der Zoll für millimetergenaue Maßarbeit bekannt. ∎

Außerdem durften „erforderliche Hörzeichen niemals in scharfem oder drohendem Ton" gegeben werden, und zwecks positiver Verstärkung kam folgender amtlicher Ratschlag: „Bei jedem Erfolg loben und immer wieder loben."

Ein solches Lob verdiente sich „Geisha vom Eichenhof" von ihrem Zollhundeführer Heinrich Kersjes, mit dem sie ein ideales Gespann bildete, fortan ständig. Die suchfreudige und bringlustige Hündin wurde mit ihrer feinen Nase zum Schrecken aller Kaffeeschmuggler. Sie machte sich entlang des niederländischen Grenzgebiets durch Aufsehen erregende Aufgriffe sehr schnell einen

Namen. Ob in Personen- und Lastwagen, ob in Kohlenbunkern, Schleppbooten oder sogar im Kohlentender eines Zuges: Ihr blieben auch trotz fremder Duftstoffe keine Verstecke verborgen. Kein Wunder, dass auch der Züchter „Geishas" auf dieser Erfolgswelle mitschwimmen wollte und das Titelblatt seiner Werbebroschüre mit ihrem Bild und dem Zusatz „Von den Schmugglern der rote Teufel genannt" versah. Auf diese besonderen Fähigkeiten wurden auch die nationalen und internationalen Medien aufmerksam, so dass die Hündin mehrfach in Zeitungsartikeln und Fernsehsendungen porträtiert wurde. Dabei gingen die Lobpreisungen in den Überschriften vom „Wunderhund, der sich nicht foppen (täuschen) lässt" (Nederland Journal) über „Wenn Geisha kommt, werden die Brüder weich und rücken die Schmuggelware freiwillig raus" (Rheinische Post) bis hin zu „The most vigilant customs officer" (Der wachsamste Zollbeamte; News of the World). In einer WDR-Fernsehsendung blieb nur die „Hilfsbeamtin des Zolls" ohne Lampenfieber, wie die Emmericher Lokalpresse anerkennend erwähnte.

Letztmalig machte „Geisha" vor über 35 Jahren von sich reden – allerdings aus traurigem Anlass. Denn am 6. Mai 1965 erlöste ein Tierarzt die nur knapp neunjährige Hündin mit einer Spritze von ihrem Krebsleiden. Nicht nur Heinrich Kersjes, der am Ende seiner Laufbahn Zollinspektor war, verlor einen treuen Kameraden. Das gesamte HZA Emmerich und all jene, die von ihren besonderen Fähigkeiten erfahren hatten, trauerten um die kleine und wendige Hündin, die so großartige Erfolge aufzuweisen hatte. „Geisha vom Eichenhof", die erste Zoll-Kaffeeschnüfflerin, blieb allen mit ihrer feinen Nase und ihrem anschmiegsamen Wesen unvergessen. ■

32 Borkum – Gegen Schmuggler und Strand-Piraten

Der letzte Zöllner des Zollamts Borkum könnte Urlaubern etwas über den sagenumwobenen Störtebeker-Schatz erzählen, der in den Woldedünen auf der Insel vergraben sein soll. Doch leider, so Rolf Brück augenzwinkernd, sei das Versteck so gut, dass es in all den Jahren selbst den Zöllnern mit ihren berüchtigten Spürnasen nicht gelungen sein soll, einen Hinweis auf den Schatz zu finden. Die Nordseeinsel Borkum ist die westlichste und mit 36 km² die größte der sieben ostfriesischen Inseln. Eine abwechslungsreiche Landschaft mit Dünen, Weiden und Heide macht sie zu einer Oase der Ruhe und Erholung. Im Jahr 2000 feierte die Insel ihr 150-jähriges Jubiläum als Nordseeheilbad, insgesamt blickt Borkum auf eine über zweitausendjährige Geschichte zurück. Einen Teil dieser Geschichte hat auch der Zoll auf Borkum geprägt – bis 2001, als das dortige Zollamt seine Tore schloss. So angenehm und erholsam ein Urlaub auf Borkum auch sein mag: Die Zöllner dort hatten immer eine Menge zu tun. Normalerweise waren drei ständig vor Ort, die während der Saison von Mai bis Oktober sogar durch zwei Grenzaufsichtskräfte vom Festland verstärkt wurden. Sie führten die Grenz- und Steueraufsicht, verbuchten angeschwemmtes Strandgut, „klarierten" Fischkutter und Sportboote „ein" und überprüften die ausländischen Flugzeuge, die den inseleigenen Flughafen ansteuerten. Einmal jährlich kontrollierten die Zöllner auf Borkum außerdem, ob die Borkumer Kleinbahn ihre Erstattungen auf Diesel zu Recht bezog.

Wie es sich für eine windumbrauste und sagenumwobene Insel gehört, hatten die Zöllner auch mit gestrandeten Schiffen, Schmugglern und Strand-Piraten zu tun. Jürgen Kummer, Vorsteher des Zollamts Borkum von 1973 bis 1976, erinnert sich, als zwischen Juist und Borkum ein Zuckerdampfer aus Norwegen gestrandet war. Der Zoll musste ihn nicht nur „einklarieren", also ordnungs-gemäß abfertigen, sondern auch die Ladung vor der Borkumer Bevölkerung beschützen. Diese wartete schon mit einigen Behältnissen ausgestattet im Hafen, um das Strandgut aufzuteilen. Kummer, heute Leiter der Innenrevision bei der Oberfinanzdirektion Hannover, ist es zu verdanken, dass in den 1970er Jahren ein beliebter Schmuggler-Trick in Borkum sein Ende fand. Er sorgte durch eingehende Kontrollen dafür, dass die Besitzer von in den Niederlanden gekauften Sportbooten ordnungsgemäß Einfuhrumsatzsteuer abführten. Strand-Piraten feierten wieder Mitte der 1990er Jahre ein Fest, als ein Schiff mit einer Ladung Marken-Turnschuhe strandete. Nach einer kurzen Zeit war auf der Insel von regelrechten Tauschbörsen zu hören, die mit Turnschuhen der verschiedensten Größen handelten.

Mit dem Ende der so genannten „Butterfahrten" am 30. Juni 1999 ging auch die Ära des Zolls auf Borkum zur Neige. Momentan werden nur noch seegehen-de Schiffe einklariert, einige Postverzollungen durchgeführt und während der Saison Sportboote, die aus dem Ausland kommen, für den Bundesgrenzschutz erfasst. Im Jahr 2000 hat auch der letzte Vorsteher des Zollamts Borkum die Dienststelle verlassen. Das Zollamtsgebäude ging 2002 in den Besitz der Stadt-werke Borkum über, Rolf Brück gehört nun zum Zollamt Emden. Für seine zöll-nerischen Restaufgaben arbeitet der Zöllner aber immer noch im alten Zollge-bäude, das von den Stadtwerken angemietet ist. Wenn der letzte Zöllner des Zollamts Borkum im Frühjahr 2006 in Pension geht, schließt das alte Zollamt endgültig seine Pforten. ■

33 Dokumentationszentrum gegen das Vergessen in Wanfried

Mitten durch Deutschland, von Lübeck bis Hof, zog sich eine 1393 Kilometer lange Grenze. Sie trennte nicht nur Deutsche von Deutschen, sondern sie war auch die Trennlinie zwischen den beiden größten Machtblöcken der Welt. Ein Dokumentationszentrum im hessischen Wanfried erinnert an die deutsch-deutsche Teilung. Im Spätsommer 1989 wurde der „Eiserne Vorhang" immer brüchiger. Ungarn öffnete die Grenze nach Österreich, und die Botschaften der Bundesrepublik in Warschau und Prag füllten sich mit ausreisewilligen Bürgern der DDR. Nach den Montagsdemonstrationen und dem Sturz Erich Honeckers war es am 9. November 1989 soweit: Die Grenze zwischen West- und Ostdeutschland wurde geöffnet. Seit der Wiedervereinigung Deutschlands am 3. Oktober 1990 ist die DDR als Staat historisch Vergangenheit. Um nachfolgenden Generationen trotzdem einen nachhaltigen Eindruck davon zu vermitteln, was fast 40 Jahre lang gerade im grenznahen Bereich traurige Wirklichkeit war, hält das Dokumentationszentrum in Wanfried, der östlichsten Stadt Hessens, diesen Teil der deutschen Nachkriegsgeschichte fest. In einer sehenswerten Sammlung zeigt es über 4 000 Publikationen, Fotos und Dokumente, die auch nach über 15 Jahren der Wiedervereinigung Deutschlands noch bedrückende Erinnerungen hervorrufen.

„Die DDR ist zwar Vergangenheit, aber das, was dort passierte, darf einfach nicht in Vergessenheit geraten", erläutert Klaus Streitenberger sein Motiv zur Gründung des Dokumentationszentrums. Der 52-jährige Zöllner, der seit 1973 als Grenzaufsichtsbeamter direkt am „Eisernen Vorhang" tätig war und heute im Innendienst beim HZA Gießen/Außenstelle Kassel beschäftigt ist, sammelte mit Kollegen schon seit den Ereignissen des Jahres 1989 Zeitungsartikel über die Verhältnisse im geteilten Deutschland. Mit Hilfe des ehemaligen HZA Kassel, der ehemaligen OFD Frankfurt/Main und der Stadt Wanfried trugen sie

„Ökosteuer" im 17. Jahrhundert

Die Umweltprobleme unserer Vorfahren waren zwar anderer Natur als heute, die Instrumente jedoch, mit denen sie bekämpft wurden, ähnelten den unsrigen doch schon sehr.

Was heute die Ökosteuer als Steuerungsinstrument leisten soll, hieß damals Spatzensteuer. Nach heutiger Rechtsauffassung handelte es sich dabei gelegentlich sogar um eine Abgabe mit gruppennütziger Verwendung. So erließ Herzog Karl Eugen 1789 in Württemberg ein „Spatzendekret", in dem es unter anderem hieß:

So finden wir uns veranlasst ..., dass in denjenigen Orten, wo wegen des vielen Frucht-Baues die Sperlinge oder Spazen sich vermehrt haben, bis auf weitere gnädigste Verordnung jeder Burger jährlich Ein Dutzend derselben zu fangen und bey der Lieferung Sechs Creuzer aus der Bürgermeister-Amts-Casse zu erhalten, derjenige Burger aber, welcher dieses nicht leisten würde, in eben dieselbe Casse Zwölf Creuzer zu entrichten, und übrigens jedweder Magistrat sorgfältig darauf zu sehen haben soll, dass bei den Lieferungen der Spazen keine Betrügereien vorgehen mögen.

Anderenorts gab es vergleichbare Regelungen. Auch Österreicher und Bayern hatten im 18. Jahrhundert jährlich eine bestimmte Anzahl Spatzenköpfe an die Ämter abzuliefern. Im Kurfürstentum Hannover waren seit 1743 Sperlings-, Krähen- und Elsternköpfe abzuliefern. Deren Zahl richtete sich nach der finanziellen Leistungsfähigkeit des Steuerschuldners. Denn für jeden unter Soll gelieferten Krähen- oder Elsternkopf waren vier Groschen und für jeden nicht gelieferten Spatzenkopf vier Pfennig Strafe zu zahlen. Die Erfahrungen, die damals mit dieser Art ökologischer Steuerung gemacht wurden, sind ebenfalls bemerkenswert. Der „Spatzenkrieg" wurde nach 100 Jahren abgeblasen, weil die Schädlingsplage trotz allem zugenommen hatte. ∎

nach dem Fall der Grenze eine Vielzahl interessanter Dokumente, Orden und Ehrenzeichen aus DDR-Beständen zusammen. Sie schufen außerdem Installationen mit Originalgegenständen und Nachbauten, die von der Zeit vor 1989 zeugen. So zeigt beispielsweise ein maßstabgerechtes Modell des Dorfes Großburschla besonders deutlich die aufwändigen Grenzsicherungssysteme der DDR auf. Aber auch Videofilme über die Geschichte der DDR oder die Grenzsperranlagen liefern Anschauungsmaterial über das politische System der DDR.

Gemeinsam mit Uwe Eberhardt, einem pensionierten Zollbeamten, trägt Streitenberger auch heute noch Dokumente zur gesamtdeutschen Problematik zusammen, so dass die Besucher stets auf dem neuesten Stand zur „Lage der Nation" sind. Die beiden ehrenamtlichen Betreuer betonen, dass sie sich mit ihrem Ausstellungskonzept gerade auch an die jüngere Generation wenden. So bieten sie sogar Führungen in englischer und französischer Sprache an, damit Jugendliche aus ganz Europa etwas über die Teilung Deutschlands erfahren. Aber auch viele deutsche Schulklassen waren schon unter den bisher circa 35 000 Besuchern des informativen Wanfrieder Dokumentationszentrums. Denn gerade für junge Menschen sei das Dokumentationszentrum eine wichtige Stätte, um sich mit der deutschen Geschichte auseinander zu setzen. Klaus Streitenberger und Uwe Eberhardt wollen mit ihrem Engagement verhindern, dass die Erinnerung an diesen Teil der deutschen Nachkriegsgeschichte mehr und mehr verblasst – sie arbeiten gegen das Vergessen.
(Adresse und Öffnungszeiten s. Seite 142) ■

34 Der Zolltarif von 1879

Am 15. Juli 1879 wurde im Reichsgesetzblatt des Deutschen Reiches das „Gesetz betreffend den Zolltarif des Deutschen Zollgebietes und den Ertrag der Zölle und der Tabaksteuer" veröffentlicht. Dieses „im Namen des Reiches nach erfolgter Zustimmung des Bundesrathes und des Reichstages gegebene Gesetz" ist unterzeichnet mit: „Wir Wilhelm, von Gottes Gnaden Deutscher Kaiser, König von Preußen etc." Der neue Zolltarif, der den Vereins-Zolltarif vom 1. Oktober 1870 ablöste,

enthielt wie sämtliche seiner Nachfolger bis hin zum heutigen Elektronischen Zolltarif (EZT) bereits Vorbemerkungen, Einführende Vorschriften (acht Seiten) und Abkürzungshinweise (sieben Seiten). Damit sind die Gemeinsamkeiten der Zolltarife von damals und heute aber auch schon weitgehend erschöpft. Die Nomenklatur des Tarifs von 1879 umfasste nicht mehr als 43 Tarifnummern, die allerdings noch in verschiedene, mit griechischen Buchstaben gegliederte Unterpositionen aufgeteilt waren. Die im Tarif aufgeführten Warenarten waren alphabetisch geordnet, und zwar begin-

nend mit „Abfällen", der Tarifnummer 1, und endend mit „Zinn", der Tarifnummer 43. Die Kollegen von damals konnten in ihrem Zolltarif also nachschlagen wie in einem Lexikon. Gleichwohl waren gewisse Tarifkenntnisse unentbehrlich. Pferde – im EZT unter „lebende Tiere" zu finden – musste man damals unter „V" wie Vieh suchen. Während Maschinen, elektrotechnische Waren oder Kraftfahrzeuge noch keine Erwähnung fanden, hatten die Erzeugnisse der Chemie und der Kunststoffindustrie unter Tarifnummer 5 bereits ihren festen Platz. Hier war alles unterzubringen, was an Drogerie-, Apotheker- und „Farbewaaren" auf dem Markt war.

Der Verzollungsmaßstab war in aller Regel spezifisch. Bis auf wenige Ausnahmen waren Maßeinheiten des Gewichts oder der Menge wie Kilogramm,

Festmeter, Stück oder Fass für die Berechnung des Zolls maßgebend. Allerdings wurde für die Verzollung von „Eisenbahnfahrzeugen, weder mit Leder- noch Polsterarbeit" bereits damals der „Werth" derselben zugrunde gelegt. Trotz seiner mengenabhängigen Zollsätze enthüllt der Tarif deutlich die Absicht seiner Schöpfer, weiterverarbeitete und höherwertige Waren stärker zu belasten als Rohstoffe oder Vor- und Halbfertigerzeugnisse. Damit wurde ganz offensichtlich dem Schutz der heimischen Manufakturen und Industriebetriebe durch den Zoll Priorität gegenüber seiner Ergiebigkeit als Einnahmequelle eingeräumt. Ein- und Ausfuhrlisten, Zollkontingente, Abschöpfungen und ähnliche Regelungen waren dem Tarif von 1879 noch fremd. Hingegen fanden sich in ihm Abrundungsbestimmungen und Regelungen für Reisegerät, Erbschaftsgut, Muster und Proben oder die Nämlichkeitssicherung. Auch handelspolitische Regelungen, die unseren heutigen Bestimmungen über den Veredelungsverkehr glichen, und Meistbegünstigungsklauseln für bestimmte Staaten waren im Zolltarif angesiedelt. Vieles, was nach unserem heutigen Verständnis in den Zollkodex gehört, war damals also im Zolltarif geregelt.

Wie sehr sich die Zeiten – aber auch der Wert des Geldes – seit damals geändert haben, wird jedoch noch weit deutlicher, wenn wir einen Blick auf die Einnahmen der Zollverwaltung werfen. Der Reichshaushalt des Reichsschatzamtes führte für das Etatjahr 1879/80 als Einnahmen aus Zöllen und Verbrauchsteuern einen Betrag in Höhe von 251,7 Mio. RM auf. Die Bundeszollverwaltung erzielte hingegen im Jahre 2004 Einnahmen von insgesamt 102 Mrd. Euro. ▪

35 Von der Zollskimannschaft zum Zoll Ski Team

Seit über 50 Jahren gibt es den Skisport in der Bundeszollverwaltung. In dieser Zeit hat er sich vom sportlichen Streifendienst auf Skiern zum Leistungssport in den Disziplinen Biathlon, Langlauf und Ski Alpin gemausert. Die Bundeszollverwaltung betreibt und fördert Spitzensport auf Skiern bereits seit 1952. Das dienstliche Training skibegeisterter Zöllner beschränkte sich allerdings zu Beginn auf eine erfolgreiche Teilnahme an den Internationalen Zollskiwettkämpfen. Dieser internationale Vergleich zwischen den Zollverwaltungen der Alpennationen wurde nach dem Zweiten Weltkrieg ins Leben gerufen, um die Zusammenarbeit und die Verständigung zu fördern. Mittlerweile nehmen mit Österreich, Italien, Frankreich, Schweiz, Slowenien und Deutschland sechs Länder an diesen Wettkämpfen teil.

1952   1998

Die Trainingsverhältnisse und Wettkampfgeräte waren 1952 noch sehr bescheiden. Beim Patrouillenlauf, der ein Riesenslalom und eine Langlaufstrecke mit Schießeinlage beinhaltete, wurde zur eindeutigen Trefferfeststellung auf leere Chianti-Rotweinflaschen geschossen. Anekdoten, wonach die Sportler vor dem Start die Flaschen erst einmal leeren mussten, sind aber unzutreffend. Im Übrigen prägten rustikale Holzskier – nicht selten vom örtlichen Schreiner hergestellt – das Bild.

Im Laufe der Jahre wurde aus dieser Unterstützung von Hobbysportlern eine professionelle Förderung des Leistungssports durch die Zollverwaltung. Wie schnell und erfolgreich diese Entwicklung verlief, konnte man ab den 1970er Jahren erkennen: Die Medaillen und Platzierungen bei Olympischen Spielen, Welt- und Europameisterschaften, im Welt- und Europacup, bei FIS-

Krugnahrung für Zöllner und Wirt

Im Ausschenken der „Krugnahrung" fand einst die ideale Verbindung von Zoll und Gastgewerbe, von Zöllner und Schankwirt statt. In früherer Zeit gestand die Obrigkeit ihren Zollerhebern häufig das Schankrecht zu: „die befugniß, getränke in gläsern, flaschen oder anderen kleinen quantitäten zu verkaufen". Der übliche Anteil an den Zoll- und Wegegeldern allein reichte nämlich nicht aus, um den Lebensunterhalt des Zöllners und seiner Familie zu sichern. Der Zolleinnehmer am Allerübergang der Amtsvogtei Winsen/Celle betrieb beispielsweise ab 1755 nebenbei eine Wirtschaft. Auch der Rat der Stadt Dransfeld bei Göttingen verpachtete den städtischen Ratskeller inklusive der „Gerechtigkeit", von durchfahrenden Fuhrwerken Wege- und Karrengeld zu erheben. Besonders im Herzogtum Schleswig und Holstein gab es viele Zollstätten, die mit „Krughäusern" verbunden waren – nicht wenige von ihnen sind heute noch bekannt. So wurde der Zollpächter im Süderzollhaus bei Kragstedt angehalten, ein „offen Wirtshaus" zu führen, um Reisenden „eine billige Herberge, einen guten Trunk, Bier und Essen" bieten zu können. Ähnliche Einrichtungen gab es in Grönerbaum und in Steinraderbaum bei Lübeck, in Höltigbaum zwischen Lübeck und Hamburg und in Siekersbaum bei Siek. Die Endung „-baum" erinnert noch heute an den Schlagbaum der ehemaligen Zollstätten. Vielerorts finden sich an ehemaligen Grenzübergängen noch alte Gasthäuser, Relikte einer Zeit, in der hier einmal Zollamt und Wirtshaus in trauter Zweisamkeit auf Reisende gewartet haben – mag auch der eine oder andere Wirt sein Lokal mittlerweile publikumswirksam von „Zur alten Zollgrenze" in „Zum alten Schmuggler" umbenannt haben. ∎

Rennen und bei Deutschen Meisterschaften konnten sich sehen lassen. Allein bei Olympischen Spielen und Weltmeisterschaften kamen Zöllner insgesamt 33 Mal unter die besten neun Teilnehmer und gewannen vier Gold-, zwei Silber- und fünf Bronzemedaillen.

2005

Dass im Leistungssport Bruchteile von Sekunden zählen, konnte der Zöllner Frank Wörndl bei den Olympischen Winterspielen 1988 in Calgary erfahren. Mit einem Rückstand von sechs Hundertstelsekunden wurde er nach zwei Durchgängen hinter dem legendären italienischen Slalom-Ass Alberto Tomba „nur" Zweiter im Slalom. Die Nachrichten der Münchener Oberfinanzdirektion kommentierten: „Die Redaktion hat vergeblich versucht, diese Zeitspanne in Relation zu persönlichen Erfahrungen der Leser zu setzen. Auch die Augen- klinik der Universität München war überfragt: Fest steht, dass ein Lidschlag beispielsweise erheblich länger dauert. Die Versuche mit Stoppuhren brachten uns nicht weiter, wir waren einfach zu langsam."

Das Zoll Ski Team besteht derzeit aus jeweils 16 Sportlerinnen und Sportlern sowie neun Trainern. Kurze Wege und dezentrale Sportförderung heißt dabei die Devise. Das Zoll Ski Team trainiert daher an vier verschiedenen Trainings- stützpunkten: in Sonthofen/ Oberstdorf, Mittenwald/ Garmisch-Partenkirchen, Ruhpolding/Berchtesgaden und in Altenberg – und zwar jeweils in einer bzw. zwei der geförderten Wintersportarten. Künftig sollen im Alpenraum Ski Alpin, Langlauf und Biathlon konzentriert und in Altenberg ausschließlich Biathlon trainiert werden.

Mit der Förderung insbesondere von Junioren und Juniorinnen setzt das Zoll Ski Team auf die kommende Sportler-Generation. Bei den Junioren-Welt- meisterschaften der letzten zehn Jahre gewann der Nachwuchs des Zoll Ski Team insgesamt 47 Medaillen. Das ist der Stoff, aus dem künftige Olympiasieger und Weltmeister gemacht werden. ■

36 Vom Deutschen Zollverein zur Europäischen Union

Die Geschichte des deutschen Zolls ist eng mit dem Zusammenwachsen von Staaten verbunden, erst auf deutscher, später vor allem auf europäischer Ebene. Zu Beginn des 19. Jahrhunderts wuchs innerhalb Deutschlands das Bedürfnis der Wirtschaft nach einem einheitlichen, von Zollschranken freien Wirtschaftsraum. Schließlich trat am 1. Januar 1834 der Vertrag über den Deutschen Zollverein (Foto unten) in Kraft. Damit fielen die Zollschranken zwischen zunächst 18 Staaten des Deutschen Bundes, bei dem es sich lediglich um einen losen Zusammenschluss souveräner deutscher Staaten handelte. Damit wurden in einem Gebiet mit circa 23 Mio. Einwohnern die Zollgrenzen abgeschafft. Die Vertragsstaaten teilten sich die an den Außengrenzen erhobenen Zölle nach der Kopfzahl ihrer Bevölkerung. Weitere deutsche Staaten traten im Laufe der Zeit dem Deutschen Zollverein bei, der 1867 erneuert wurde.

Bei großzügiger Betrachtung könnte man also den 1. Januar 1834 als Tag der Grundsteinlegung für den Bau der deutschen Zollverwaltung sehen. Allerdings verblieb auch nach der Reichsgründung im Jahre 1871 die vollziehende Gewalt für die Zölle und die Verbrauchsteuern weiter bei den damals 25 Ländern. Die Gesetzgebungs- und Ertragskompetenz für Zölle und bestimmte Verbrauchsteuern wurde dagegen dem Reich übertragen. Erst die Weimarer Verfassung vom 11. August 1919 bestimmte, dass Zölle und Verbrauchsteuern durch Reichsbehörden verwaltet wurden. Der 1. Oktober 1919 war dann die Geburtsstunde der deutschen Reichszollverwaltung, die kaum 26 Jahre später mit dem Zusammenbruch des deutschen Reiches im Jahre 1945 ihr Ende fand.

Ab 1945 ging die oberste Staatsgewalt von den Militärregierungen der vier Siegermächte für ihre Besatzungszonen aus. Die Verwaltung der Zölle und der Verbrauchsteuern lag in den Händen der nun neu entstehenden Länder. In der Tradition der Weimarer Verfassung sieht das Grundgesetz vom 23. Mai 1949 vor, dass Zölle, Finanzmonopole und bundesgesetzlich geregelte Verbrauchsteuern durch Bundesfinanzbehörden verwaltet werden. Durch das Finanzverwaltungsgesetz vom 9. September 1950 wurde diese Aufgabe der Bundeszollverwaltung übertragen. Mit Wirkung vom 1. Oktober 1950 wurde das gesamte Personal der bisherigen Landeszollverwaltungen und des Zollgrenzdienstes in den Dienst des Bundes übernommen. Die Bundeszollverwaltung konnte damit im Herbst des Jahres 2000 ihren 50. Geburtstag feiern.

Nach 1950 wurde das Gesicht der deutschen Zollverwaltung maßgeblich durch die Entwicklung Europas hin zur Europäischen Union geprägt. Das entscheidende Datum auf diesem Weg war der 25. März 1957 mit dem Abschluss der Römischen Verträge zur Gründung der Europäischen Wirtschaftsgemeinschaft

(EWG) und der Europäischen Atomgemeinschaft (Foto oben). In der Folge war die 1968 erreichte Zollunion ein wichtiger Zwischenschritt auf dem Weg zum Europäischen Binnenmarkt. Am 7. Februar 1992 wurde mit dem Maastrichter Vertrag die Europäische Gemeinschaft (EG) gegründet, die so zur Nachfolgeorganisation der EWG wurde. Gleichzeitig wurden die Europäischen Gemeinschaften zur Europäischen Union erweitert. Am 1. Januar 1993 fielen die Zollschranken an den Binnengrenzen zwischen den EU-Mitgliedstaaten. Der europäische Binnenmarkt war geschaffen. Mit der EU-Osterweiterung im Jahr 2004 hat die Deutsche Zollverwaltung, in historischen Zeiträumen betrachtet, bereits das nächste bedeutende Datum in ihrer Geschichte passiert. ■

37 Das Deutsche Zollmuseum in Hamburg

Wer könnte besser ohne Seemannsgarn Geschichten vom Zoll erzählen als das Deutsche Zollmuseum in Hamburg? Und das tut es nun schon seit über 13 Jahren. Im Mai 2002 feierte das Haus, das die bedeutendste Sammlung zur Zollverwaltung in Deutschland beherbergt, seinen runden Geburtstag. Es steht in allen wichtigen Touristen- und Stadtführern, und wer sich einer Internet-Suchmaschine bedient, landet 11 500 Treffer. Das Deutsche Zollmuseum in Hamburg hat sich binnen kurzer Zeit einen festen Platz in der deutschen Museumslandschaft erworben. Im Juni 2002 konnte es seinen millionsten Besucher begrüßen. Das Haus am Rande der Speicherstadt feierte im Mai 2002 seinen zehnjährigen Geburtstag.

Am 21. Mai 1992 eröffnete der damalige Bundesfinanzminister Dr. Theo Waigel das Deutsche Zollmuseum im alten Zollamt „Kornhausbrücke" (1900 – 1985) in Hamburgs historischer Speicherstadt. Für die Elbestadt als Standort sprach vor allem die zentrale Lage im größten deutschen Hafen an der Zollgrenze des Freihafens. Gleichzeitig war es für die Besucher gut erreichbar und

zudem im Touristenmagneten Speicherstadt gelegen. Hier weht mit dem Geruch nach Gewürzen, Tee, Kaffee und Tabak der Duft der weiten Welt. Nicht zuletzt der „leibhaftige" Zollkreuzer, der vor dem Museum vor Anker liegt, vermittelt ein lebendiges und authentisches Bild der vielseitigen – und durchaus

Finanzminister: Schon immer ein harter Job

Berühmt und berüchtigt ist das Schicksal von Joseph Süß Oppenheimer, auch Jud Süß genannt. Als Geheimer Finanzrat erschloss er dem Herzog Karl Alexander von Württemberg von 1732 bis 1737 zahllose Geldquellen und ermöglichte seinem Herren so nicht nur eine luxuriöse Hofhaltung, sondern auch den Unterhalt eines stehenden Heeres. Das wegen seiner rigiden Steuerpolitik umstrittene Finanzgenie richtete Monopole und eine staatliche Lotterie ein und gründete eine württembergische Staatsbank. Nach dem Tod des Herzogs wurde Jud Süß wegen Betrugs, Hochverrats und Majestätsbeleidigung zum Tode verurteilt und 1738 gehängt. Weil bei dem Prozess gegen ihn nicht alles mit rechten Dingen zuging – das Gericht legte für keinen der Anklagepunkte Beweise vor –, fand Jud Süß, Grenzgänger zwischen seiner Herkunftsgruppe und der Hofgesellschaft, als Sinnbild für die jahrhundertealte Sündenbockfunktion des jüdischen Volkes Eingang in die Literatur- und Filmgeschichte.

Die Geschichte des Matthäus Welser kennt heute dagegen kaum jemand mehr. Der Freiherr aus dem Augsburger Patriziergeschlecht der Welser hatte von 1603 bis 1608 unter Kaiser Rudolf II. das verantwortungsvolle Amt des „Reichspfennigsmeisters" inne. Weit weniger begabt und sicher auch weniger skrupellos als sein Berufskollege Jud Süß, zeigte sich Matthäus der Aufgabe einer dauerhaften Geldbeschaffung nicht gewachsen. Magere 3,5 Mio. Gulden schaufelte er in die Kassen des Kaisers. 1608 musste er sein Amt niederlegen. Damit entfiel auch seine jährliche Besoldung von 18 000 Gulden in Kriegsjahren und 4000 Gulden zu Friedenszeiten. 1614 wurde Matthäus Welser vom Rat der Stadt Augsburg in Schuldhaft genommen. Erst 1621 begnadigte ihn der Kaiser. Der Welser lebte dann bis zu seinem Tod im Jahre 1633 vollständig verarmt von Almosen. ■

aufregenden – Arbeit der Zöllnerinnen und Zöllner. Inzwischen verzeichnet der 1994 zu einem der „100 erlebnisreichsten Museen in Deutschland" gekürte Ausstellungsort jährlich über 100 000 Besucher.

Mehr als 2 000 Exponate in der Ausstellung und 45 000 Objekte im Fundus, etwa 6 000 Bände in der Museumsbibliothek und ein Archiv mit ungezählten Fotos, Dias und Negativen erzählen die bewegte Geschichte des Zolls durch die Jahrtausende. Der historische Rundgang beginnt im Altertum und endet mit dem Ausblick auf die EU-Erweiterung in der Zukunft. Nicht nur die alltäglichen Aufgaben des Zolls, auch der Wasserzoll, historische Uniformen, kuriose Schmuggelverstecke und Zollkarikaturen haben ausreichend Platz im Museum gefunden.

Darüber hinaus bringen die Museumsmitarbeiter – überwiegend echte Zöllnerinnen und Zöllner – den Zoll und seine Geschichte auf jede nur erdenkliche Weise ins öffentliche Gespräch. Sonderausstellungen, die Unterstützung von TV-Film-Dreharbeiten, der Empfang von Zoll-Delegationen aus aller Welt und vieles mehr gehören zum Engagement des Museums für die Zollgeschichte. Eine wichtige Rolle spielt der Förderkreis Deutsches Zollmuseum mit seinen über 200 Mitgliedern. Grenzüberschreitende Kontakte werden über die „International Association of Customs Museums" (IACM), einen Zusammenschluss der europäischen Zollmuseen, gepflegt. (Adresse und Öffnungszeiten s. Seiten 142 und 143). ∎

38 Vom Geldeintreiber zum Wasserzöllner

Wasserzöllner gibt es in Deutschland schon seit mehr als tausend Jahren. Wo früher auch mal Ketten gespannt und vor den Bug geschossen wurde, gehören heute High-Tech-Boote und neue Aufgaben wie der Umweltschutz zum Berufsbild. Fluss- oder Wasserzoll wurde an schiffbaren Flüssen und Strömen von echten Landzöllnern erhoben, die Schiffe notfalls mit einer durch den Fluss gespannten Kette oder einem Schuss vor den Bug zwangen, beim Zollamt anzulegen. Gelegentlich wurde ein Brückenzoll gewissermaßen zum Wasserzoll, wenn ihn Schiffe entrichten mussten, die auf dem Wasser unter der Brücke hindurchfuhren. An Rhein und Mosel ebenso wie an Donau und Inn reichen die Zeugen einer ununterbrochenen Zollerhebung bis in die Zeit Karls des Großen und teilweise sogar bis ins Römische Reich zurück. Der deutsche Dichter Viktor Scheffel (1826 – 1886) beschreibt in seinem Bestsellerroman „Ekkehard" eine Reise der schwäbischen Herzogin Hadewig von Hohentwiel (940 – 994), einer Nichte von Otto dem Großen, nach St. Gallen. Die Arbeit des Zöllners wird darin kaum anders als die eines Wegelagerers beschrieben: „des anderen Tages fuhr die Herzogin über den Bodensee. Wie sie in die Bucht von Rorschach einfuhr, kam der Wasserzoller, der dort Welschlandfahrern das Geld abnahm."

Die deutsche Zollverwaltung trat mit einem – nachgewiesen – regulären Wasserzolldienst im Jahre 1865 in Erscheinung. Damals vereinigten sich die bis dahin mit Dänemark verbundenen Herzogtümer Schleswig und Holstein mit Preußen, womit auch das Kreuzzollwesen der beiden Herzogtümer in preußische Verwaltung überging. Dem Kreuzzollinspektorat Flensburg unterstanden danach 19 Segelschiffe, die in

Nord- und Ostseehäfen stationiert waren. Der Wasserzoll stand offensichtlich zu dieser Zeit außerhalb Preußens in voller Blüte und konnte – wie in den Mündungsgebieten von Elbe, Weser oder Ems – bereits auf eine jahrhundertlange Tradition zurückblicken. Die preußischen Zollsegler wurden nach der Jahrhundertwende nach und nach durch Dampfschiffe ersetzt. Seit Mitte der 1920er Jahre setzt die deutsche Zollverwaltung – von Ausnahmen im Zweiten Weltkrieg abgesehen – nur noch maschinengetriebene Wasserfahrzeuge ein.

Der Wasserzolldienst verfügt heute über eine Flotte von insgesamt 39 Booten. In der Nordsee sind vier 38-m-Boote und zwei 28-m-Boote stationiert, in der Ostsee sechs 28-m-Boote. Sie erreichen Geschwindigkeiten von bis zu 29 Knoten (1 Knoten = 1,852 km/h). Das schnellste deutsche Zollboot ist die 45,2 Knoten schnelle „Ruden" (1989) von der Zollschiffsstation Karnin auf Usedom. Auch auf den Spuren von Scheffels Wasserzoller verrichten heute noch Zöllner mit vier Zollbooten ihren Dienst auf dem Bodensee. Anders als jener aber nehmen moderne Wasserzöllner vorbeikommenden Schiffern kein Geld ab, sondern leisten einen wichtigen Beitrag zur Bekämpfung des Schmuggels und damit zur Sicherung der Ein- und Ausfuhrabgaben, sie überwachen und sichern die Einhaltung der Verbote und Beschränkungen und erfüllen darüber hinaus schifffahrtspolizeiliche, fischereirechtliche und grenzpolizeiliche Aufgaben. Immer wieder retten Wasserzöllner auch Menschen und Schiffe aus akuter Not auf See oder Binnengewässern. ∎

39 Das Lied vom braven Mann

„Hoch klingt das Lied vom braven Mann, wie Orgelton und Glockenklang." So beginnt das weitgehend in Vergessenheit geratene „Lied vom braven Manne", das Gottfried August Bürger (1747 – 1794) im Jahre 1777 schuf. Nur der Eingangsvers ist heute noch bekannt, dafür aber als fester Bestandteil des Zitatenschatzes der Deutschen. In der klassischen Ballade erfahren ein Zöllner und seine Familie ein schreckliches Schicksal: Sie drohen in ihrem Brückenhaus von den Fluten eines plötzlich und unaufhaltsam anschwellenden Flusses mitsamt der einstürzenden Brücke in den sicheren Tod gerissen zu werden. Der Erzähler warnt: „O Zöllner! O Zöllner! Entfleuch geschwind!" Doch zu spät: „Der Zöllner sprang zum Dach hinan, / Und blickt' in den Tumult hinaus. – / ‚Barmherziger Himmel! Erbarme dich! / Verloren! Verloren! Wer rettet mich?'" Angesichts der gewaltigen Wassermassen findet sich niemand, der den vom Tode Bedrohten beispringt. Nicht einmal der gut gefüllte Geldbeutel des herbeigeeilten Dienstherren des Zöllners, eines namentlich nicht näher bezeichneten Grafen, kann jemanden aus dem „Schwarm von Gaffern, groß und klein" dazu bewegen, sein Leben für die Rettung des Zöllners und seiner Familie aufs Spiel zu setzen. „Vergebens durchheulte, mit Weib und Kind, /Der Zöllner nach Rettung den Strom und Wind."

In dieser schier aussichtslosen Lage erscheint der Held der Geschichte: „Sieh, schlecht und recht, ein Bauersmann / Am Wanderstabe schritt daher, / Mit grobem Kittel angetan, / An Wuchs und Antlitz hoch und hehr." Dieser einfache Mann tut schließlich, was er für seine Pflicht hält. „Und kühn in Gottes Namen sprang / Er in den nächsten Fischerkahn" (…) „Und dreimal zwang er seinen Kahn, / Trotz Wirbel, Sturm und Wogendrang; / Und dreimal kam er glücklich an, / Bis ihm die Rettung ganz gelang." Doch als der hocherfreute Graf dem mutigen Retter nach vollbrachter Tat die ausgelobte Belohnung in Höhe von 200 Pistolen (rund 1 200 Taler) aushändigen will, zeigt sich der „brave Mann" in seiner wahren Größe: „Mein Leben ist für Gold nicht feil. / Arm bin ich zwar, doch ess' ich satt. / Dem Zöllner werd' eur Gold zu Teil, / Der Hab und Gut verloren hat! / So rief er, mit herzlichem Biederton, / Und wandte den Rücken und ging davon." Spätestens hier verrät Bürger seine Intention: „Wer solchen Muts sich rühmen kann, / Den lohnt kein Gold, den lohnt Gesang."

Es dürfte weniger das zur Selbstlosigkeit ermunternde Fazit als vielmehr die bereits zu Bürgers Lebzeiten getadelte Rhetorik des Gedichtes verhindert haben, dass das Werk den ganz großen literarischen Ruhm erlangte. Dennoch ist diese Ballade über Mut und Großmut ein schönes Beispiel für eine der wenigen Spuren, die das Leben und Wirken von Zöllnern in der großen Literatur hinterlassen haben. ◾

Zöllner nehmen deutschen König unter Beschuss

Zöllner mussten zu allen Zeiten nicht nur mit Gesetzen und Zolltarifen umgehen können, sondern, wenn es darauf ankam, auch mit der Waffe. Dass sie dabei schon einmal über das Ziel hinausschossen, wundert den erfahrenen Verwaltungspraktiker nicht. Ein besonders drastisches Beispiel von Übereifer lieferten die Zöllner der Burg Fürstenberg, die schon im Jahre 1219 oberhalb von Bacharach am Rhein erbaut worden war und zunächst den kurkölnischen

Zoll schützen sollte. Dort fuhr damals Adolf von Nassau, der am 5. Mai 1292 in Frankfurt einstimmig zum deutschen König gewählt worden war, auf dem Weg zu den Krönungsfeierlichkeiten in Aachen am 29. Mai mit großem Gefolge vorbei, ohne – wie es ihm als König selbstverständlich zustand – Zoll zu entrichten. Daraufhin überschütteten die pflichtbewussten Zollwächter den königlichen Geleitzug mit einem solchen Pfeilhagel, dass einer der edlen Gefolgsleute des Königs tödlich verletzt wurde. Erst als den Schützen mitgeteilt wurde, dass sie den neuen König unter Beschuss genommen hätten, brachen die Zöllner ihren Angriff ab und entschuldigten sich. Der Vorfall war damit jedoch nicht abgetan, sondern zog noch ein politisches Ränkespiel nach sich. Die Kurfürsten von Köln und Mainz versuchten, den König glauben zu machen, dass es sich bei dem Zwischenfall um einen gezielten Anschlag des Pfalzgrafen Ludwig gehandelt habe, dessen Haus seit 1243 mit dem Bacharacher Zoll beliehen war. Angestiftet habe ihn die Schwester des bei der Königswahl unterlegenen Albrecht von Österreich. Adolf glaubte den Denunzianten aber nicht und gab sich mit einem Freundschaftsbesuch und der persönlichen Unschuldsbeteuerung Ludwigs zufrieden. Die beiden geistlichen Herren hatten also vergeblich gehofft, der König würde den Pfalzgrafen absetzen und sein so günstig gelegenes Land an sie verteilen. ◼

40 Von Petuhtanten und cleveren Zöllnern

In der zweisprachigen Sonderausstellung „Handelswege – Grenzen – Zoll in Schleswig-Holstein" beleuchtete das Deutsche Zollmuseum in Hamburg 2003 die Zollgeschichte einer vom regen Handel geprägten Region. Schon früh lassen sich dort, wo immer politische und wirtschaftliche Grenzen bestanden, historische Zollstationen nachweisen. Schon seit dem Hochmittelalter sind für die großen Handelswege des heutigen Schleswig-Holsteins Zollstationen nachgewiesen. Die hier kassierten Zölle dienten zunächst als Geleitzölle dem Schutz der Reisenden. In weniger gefährlichen Zeiten waren sie dann für den Landesherrn vor allem eine ergiebige Einnahmequelle. An den Beispielen der Salzstraße von Lüneburg nach Lübeck, des so genannten „Ochsenweges" von Nordjütland nach Holland und des Eiderkanals lässt sich zeigen, wie sich Zölle und Zollstationen sowie politische und wirtschaftliche Grenzziehungen der Region im Laufe der Jahrhunderte verändert haben.

Eines blieb dabei stets gleich: Wo immer die Grenzen gerade verliefen, gab es Versuche, Waren am Zoll vorbeizuschmuggeln. Auch die Zollstationen in der Flensburger Förde blieben davon nicht verschont. In der Zeit vor dem Ersten Weltkrieg machten den Zöllnern hier vor allem so genannte Petuhtanten zu schaffen, Damen mittleren Alters, die mit „Partoutkarten", Dauerkarten, oft und gerne mit Ausflugsdampfern nach Dänemark reisten, um dort günstig einzukaufen. Weil der Verkauf der erlaubten Freimengen allein nicht genug einbrachte, um die Dänemarkreise zu refinanzieren, versteckten die Damen auf der Rückfahrt hochsteuerbare Waren wie Tee, Kaffee oder Butter unter ihren weit ausladenden Röcken. Die durchweg männlichen Zöllner kamen ihnen oftmals auch ohne die verbotene Leibesvisitation auf die Spur: Sie baten die Damen aus der Schlange der wartenden Reisenden heraus und komplimentierten sie zu einer Bank, auf die sie sich setzen durften. Diese heizten die Zöllner nun

ungeachtet der Jahreszeit mit Hilfe der darunter liegenden Heizung des Dienst-
raumes tüchtig ein. Gehörte die Verdächtige zu den gesuchten Petuhtanten, so
dauerte es nicht lange, bis sich zu ihren Füßen eine Pfütze zerlassener Butter
bildete. Doch es ging auch ohne heiße Luft: Oft genügte es, wenn der Zöllner
die verdächtige Dame von einer Fußbank springen ließ. Hatte der Zöllner Recht
mit seiner Vermutung, löste sich ein Kaffeepäckchen oder anderes Schüttgut
vom Körper der Dame und fiel herunter. (Adresse und Öffnungszeiten des
Deutschen Zollmuseums s. Seiten 142 und 143) ■

41 **Der Jestetter Zipfel**

**Schaut man zwischen Schaffhausen und Rüd-
lingen am Rhein etwas genauer auf die Land-
karte, so wird man in der Gegend um Jestetten schnell jenen Wurmfortsatz Deutschlands
entdecken, der mit zahlreichen Verästelungen
in die Schweiz hineinragt und bis auf ein kleines Schlupfloch bei Baltersweil nahezu vollständig von der Schweiz eingeschlossen ist.**
Entstanden war der Zipfel durch Abtretungen
des Gaugrafen von Sulz an die Schweiz in den
Jahren 1651 bis 1665. Die einheimische Bevölkerung orientierte sich daraufhin schnell in
Richtung Schweiz. Dies führte nach Gründung
des Deutschen Zollvereins zum „Gesetz über

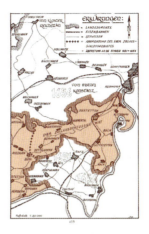

den Ausschluss eines Theils des Jestetter Amtsbezirks aus dem Zollverbande"
vom 30. Juli 1840. Initiator der Regelung war die badische Zollverwaltung. Ihrer
Meinung nach rechtfertigte das Zollaufkommen im Zipfel nicht mehr den für
die notwendigen Kontrollen erforderlichen Personalaufwand. Die vereinbar-
ten Bedingungen waren für die Zipfelbewohner sehr komfortabel. So konnten
sie ihren Wein und andere landwirtschaftliche Erzeugnisse weiter zollfrei in
das badische Inland liefern. An der neuen Grenze wurde ein Durchgangszoll
von einer Krone je Stück Vieh und für volle Wagenladungen 15 Kronen je Zug-
tier erhoben. Waren, die auf andere Art und Weise transportiert wurden, waren zollfrei. Umgekehrt konnten die Bewohner des Zollausschlusses nun preis-
günstig und zollfrei in der Schweiz einkaufen. Die daraus resultierenden Vorteile waren so groß, dass schon bald auch andere Regionen ähnliche Vergüns-
tigungen forderten – allerdings vergeblich.

Der Jestetter Zipfel überlebte zahlreiche Angriffe auf seinen Status, bis ihm
schließlich die NS-Diktatur ein jähes Ende bereitete. Am 1. Oktober 1935 zogen
70 Zollbeamte in das Gebiet ein. Ihre erste Amtshandlung bestand darin, nach-
träglich alle ausländischen Waren zu verzollen und zu versteuern. Das Kilo Kaffee kostete statt 1,80 plötzlich 4,40 Reichsmark, Zucker statt 34 jetzt 76 Pfennig.
Der Mehlpreis stieg von 19 auf 38 Pfennig je Kilo, und der Liter Sprit kostete nun
39 statt 16 Pfennig. Nach 1945 gab es ernsthafte Bestrebungen zur Wiederher-

stellung des Zollausschlussgebietes. Doch die Wende in die Vergangenheit misslang.

Und so blieben dramatische Begegnungen zwischen Zöllnern und Schmugglern im Jestetter Zipfel künftig aus. Im Ersten Weltkrieg noch, als die Schweiz ihre Grenzen dichtmachte, hatten sich gut organisierte und bis an die Zähne bewaffnete Schmugglerbanden gebildet. Sie schreckten nicht davor zurück, Handgranaten einzusetzen, Zollbeamte offen anzugreifen, ihre Wohnungen zu beschießen, Zollämter zu stürmen und beschlagnahmte Konterbande zurückzuerobern. Es gab Tote und Verletzte auf beiden Seiten. Eher harmlos erscheint dagegen die Rache eines Zuckerschmugglers an einem besonders tüchtigen Zöllner. Der Schmuggler füllte in einer frostigen Winternacht einen original Schweizer Zuckersack mit Jauche aus seinem Plumpsklo. Dann ließ er bei seiner gut geplanten Flucht dem überraschten Zöllner die hart gefrorene Last vor die Füße fallen. Der Beamte trug das vermeintliche Schmuggelgut sogleich ins gut geheizte Zollamt und machte sich daran, eine Meldung zu schreiben. Dies musste seine gesamte Aufmerksamkeit in Anspruch genommen haben, denn als die Kollegen zu seiner Ablösung erschienen, rochen sie die Bescherung schon von weitem, während der eifrige Protokollant den durch die nur langsam auftauende Jauche sich allmählich steigernden Gestank noch gar nicht bemerkt hatte – sagt jedenfalls die Geschichte. ■

42 Ernährungsschwierigkeiten beim Zoll

Nahrungsmittelknappheit und Bürokratie in der Nachkriegszeit schlugen auch den deutschen Zöllnern auf den Magen – wie das folgende Zeitdokument von 1948 zeigt.

Der Leiter der Zollfahndungsstelle Neustadt a. d. Haardt

An die
Landesregierung Rheinland-Pfalz
– der Minister der Finanzen –
Koblenz
Neustadt/Haardt, den 2. April 1948

Betreff: Erliegen des Zollfahndungsdienstes infolge Ernährungsschwierigkeiten
Bezug: Rücksprache des Dienststellenleiters am 3. 3. 1948 bei Herrn Regierungsrat S.

Bei meiner Vorsprache im Ernährungsministerium Koblenz, Landesernährungsamt, am 3.3.1948, wurde von zuständigen Referenten, Herrn H., und vom Leiter des Landesernährungsamtes anerkannt, dass für die Durchführung des Zollfahndungsdienstes die Ausstattung der Ermittlungsbeamten mit der Lebensmittelkarte Kategorie II erforderlich ist. Die bei dieser Erörterung von Herrn H. für erforderlich gehaltene Bescheinigung wurde am gleichen Tage von Herrn Regierungsrat S., Finanzministerium, ausgefertigt und von dem Unterzeichneten dem genannten Referenten des Landesernährungsministeriums übergeben. Dieser glaubte darauf, die Zuteilung der Zulagekarten ab 1.4.1948 in sichere Aussicht stellen zu können, sofern die franz. Behörde zustimme. Dem Finanzministerium Koblenz wurde hiervon adD, berichtet.

Die beantragten Zulagekarten sind bis heute nicht zugeteilt. Infolge der dadurch bedingten Ernährungsschwierigkeiten ist es deshalb ab sofort nicht mehr möglich, Ermittlungssachen, die Dienstreisen über 6 Stunden Dauer erfordern, zu bearbeiten. Es muss bei dieser Gelegenheit darauf verwiesen werden, dass die Zollfahndungsstellen Koblenz und Trier seit langem im Genuss der von uns beantragten Zulagekarten II stehen.

gez. M. ■

43 Der Sachsenspiegel

Ein „Bilderbuch" nicht nur für Juristen: Im mittelalterlichen Sachsenspiegel finden sich auch Kapitel zum Zoll. Der Sachsenspiegel ist die einflussreichste und älteste deutschsprachige Rechtssammlung des Mittelalters. Zwischen 1220 und 1235 von dem sächsischen Richter und Schöffen Eike von Repgow in niederdeutscher Sprache verfasst, versammelt das Werk das damals im Sachsenland bestehende Gewohnheitsrecht. Dieses war bis dahin ungeschrieben und basierte auf der mündlich überlieferten Rechtsprechung der Gerichte. Die Verwendung des Begriffs „-spiegel" verdeutlicht nicht nur den Anspruch des Verfassers, ein möglichst genaues Abbild der bestehenden Rechtstradition zu geben, sondern sollte den Inhalt der Sammlung auch als erzieherisch-vorbildhafte Lebensregeln kennzeichnen. Als „Spiegel" bezeichnete man in jener Zeit gemeinhin Bücher mit belehrendem Inhalt.

Der Sachsenspiegel ist in drei Abschnitte unterteilt: Das Vorwort, das Landrecht und das Lehnrecht. Im Vorwort bittet der Autor unter anderem alle „rechtschaffenen Leute" um Unterstützung, falls er Rechtssachen übersehen haben sollte. Das Landrecht behandelt die Rechte und Pflichten der freien Sachsen. Dieser Abschnitt enthält unter anderem das Straf-, Prozess-, Besitz-, Sippen- und Erbrecht. Das Lehnrecht regelte die Beziehung zwischen Lehnsherrn und Gefolgsmann. Das Werk, das uns heute in etwa 460 Handschriften überliefert ist, enthält auch Kapitel zum Zoll. In Artikel 28 des zweiten Buches heißt es in § 1: „Vom Zolle: Wer Brückenzoll oder Wasserzoll unterschlägt, der soll ihn vierfach zahlen. Wer Marktzoll unterschlägt, der soll dreißig Schilling geben." Der mittelalterliche Text überliefert auch, wie hoch zum Beispiel der reguläre Wasser- bzw. Brückenzoll sein soll: „Vier Fußgänger geben einen Pfennig; ein reitender Mann einen halben; ein geladener Wagen, viermal soviel, und um zurück zu fahren: Dies giebt man als Wasserzoll; als Brückenzoll die Hälfte." Ferner vermerkt der Chronist in § 2: „Pfaffen, Ritter und ihr Gesinde sind zollfrei". Die Zollfreiheit bestand also in dem Privileg bestimmter Personen, den geltenden Zoll nicht entrichten zu müssen.

Vier reich illustrierte Handschriften des Sachsenspiegels, die Heidelberger, die Oldenburger, die Dresdner und die Wolfenbütteler (Foto) Bilderhandschrift, werden zu den schönsten Codices des Sachsenspiegels gezählt. Jede Seite ist in eine Text- und Bildspalte aufgeteilt, die einander wechselseitig erhellen und

auch heute noch demjenigen, der ihn nicht lesen kann, eine Vorstellung des abgehandelten Rechtstextes geben. Der Sachsenspiegel wurde zum Vorbild für zahlreiche weitere Rechtsbücher wie etwa den Schwabenspiegel, den Deutschenspiegel und das Magdeburger Stadtrecht. Er erlangte aber auch in Teilen Polens, Ungarns und Russlands Gültigkeit. Im Königreich Preußen wurde er erst 1794 durch das „Allgemeine Landrecht" ersetzt. Im Königreich Sachsen behielt er bis 1863 Gültigkeit, und in Anhalt und Thüringen wurde er gar erst im Jahre 1900 von dem heute noch fortgeltenden „Bürgerlichen Gesetzbuch für das Deutsche Reich" abgelöst. ■

44 Segelschiffe für den Zoll

Das Kreuzzollwesen war bis 1902 für die Überwachung der schleswig-holsteinischen Küsten mit Zollseglern von See her zuständig und hatte eine lange Tradition. Die Bedeutung des Wortes „Kreuz/kreuzen" im Begriff Kreuzzollwesen stammt aus dem niederländischen Sprachraum („kruisen") und ist der maritime Ausdruck für „im Zickzack Kurs gegen den Wind segeln". Da Zollboote vor den Küsten in einem festgelegten Gebiet auf ebendiese Weise patrouillierten – also „kreuzten" –, wurden sie Zollkreuzer genannt.

Die ersten Zollkutter wurden ab 1692 von einem Zollpächter namens Kruse eingesetzt, der das Recht auf die Erhebung von Zöllen vom dänischen König gepachtet hatte. Offensichtlich sehr erfolgreich, denn um 1700 erkannte auch der dänische König, wie lukrativ der Einsatz von Zollbooten war, und verstaatlichte das Kreuzzollwesen. 1839 waren an der schleswig-holsteinischen Ostküste schon fünf und an der Westküste 15 Zollkreuzer im Einsatz. Seinen Höhepunkt erreichte das Kreuzzollwesen um 1850 mit 37 Kreuzzollstationen an beiden Küsten und an den Flussmündungen. Die Schiffe kreuzten in Küstennähe. Die Besatzungen legten unzähligen Schmugglern das Handwerk und fertigten daneben auch Waren auf Frachtseglern ab. Der Dienst auf einem Zollboot war harte Arbeit. Die Besatzungen hatten besonders im Winter mit der unangenehmen Witterung zu kämpfen. Es gab zwar in der kleinen Kabine unter Deck einen Ofen. Doch wenn die Kleidung erst einmal nass war, wurde sie selten wieder trocken. Das Entern eines Frachters bei starkem Seegang – und das mit kalten,

Trauer um Sohn eines römischen Zöllners

In der Pfalzgasse in der verwinkelten und malerischen Altstadt von Zürich findet der Besucher ein wichtiges und zugleich berührendes Zeugnis der römischen Geschichte der Limmat-Stadt. In einer Mauernische steht ein Grabstein, auf dem um 200 n. Chr. erstmals der römische Name Zürichs, „Stationis Turicensis", genannt wird. Darauf gedenkt ein Zöllner seines kleinen Sohnes:

Den Manen. Hier liegt Lucius Aelius Urbicus, der ein Jahr, fünf Monate und fünf Tage lebte. Unio, der Freigelassene des Kaisers, Vorsteher des Zürcher Zollpostens des gallischen Zolls, und Aelia Secundina, die Eltern, ihrem süßesten Söhnchen.

15 v. Chr. hatten die Römer auf einem Hügel über der Limmat – dem heutigen Lindenhof, in den die Pfalzgasse mündet – einen Zollposten namens „Turicum" errichtet. Aus der bescheidenen Siedlung, die darum entstand, sollte sich einer der weltweit führenden Finanzplätze mit heute über 360 000 Einwohnern entwickeln. Der Originalgrabstein steht im Schweizerischen Landesmuseum Zürich. ∎

klammen Händen – verlangte schon etwas Übung und Mut. Zugleich musste der Beamte immer darauf achten, dass das Tintenfass an Bord nicht umkippte und auslief.

Als nach dem Krieg von 1864 die Herzogtümer Schleswig und Holstein an Preußen fielen, übernahm die preußische Generalzolldirektion die Organisationsstrukturen des dänischen Kreuzzollwesens. Mannschaften wurden zum größten Teil übernommen, Bootsneubauten in Auftrag gegeben. Als Kreuzzollfahrzeuge kamen einmastige, gaffelgetakelte Kutter zum Einsatz. Diese

wendigen und
schnellen Boo-
te eigneten
sich bestens
zur Schmugg-
lerjagd. Der
Kreuzollins-
pektor nutzte
größere Boote.
Ein solches In-
spektions-
schiff war der
zweimastige

Schoner „Adler". Zollkreuzer wurden robust gebaut, und noch heute kann man
die wenigen erhaltenen Einsatzfahrzeuge jener Tage an deren baulichen Be-
sonderheiten, wie zum Beispiel den bronzenen Bootsnägeln, erkennen.

Mit den Jahren rentierte sich das Kreuzzollwesen nicht mehr. Die Einnahmen lagen weit unterhalb der Ausgaben zur Unterhaltung der Flotte. Im Jahr
1902 wurde das Kreuzzollwesen aufgelöst und ein Großteil der Boote außer
Dienst gestellt, verkauft oder als Wachschiffe bzw. schwimmende Zollämter in
den Häfen vertäut. Lediglich der vor Amrum operierende Zollkreuzer „Elisa-
beth" und der Schoner „Adler" blieben bis 1912 im Dienst. 1904 endete auch im
Königreich Dänemark das dortige Kreuzzollwesen. Mit dem Aufkommen von
Dampf- und Motorbooten waren die segelnden Zollkreuzer technisch überholt.
Ihre Aufgaben übernahmen Zolldampfschiffe und später motorgetriebene
Zollboote. Die alten Zollsegler wurden nach Ausmusterung zumeist nach Dä-
nemark verkauft und dort als Fischereifahrzeuge eingesetzt. Heute gibt es in
Deutschland noch einige ehemalige Zollkreuzer, zum Beispiel die „Rigmor von
Glückstadt", die als Zollkutter „Nr. 5" ihren Dienst verrichtete, oder die „Sam-
po", ein 1896 erbauter Zollkreuzer. Auch in Dänemark gibt es heute noch einige
ehemalige Kreuzzollfahrzeuge, wie etwa die „Viking" oder die „Kong Beele".

Übrigens: Auch heute noch werden die seegehenden Zollboote „Zollkreuzer" genannt, obwohl es im offiziellen Sprachgebrauch der deutschen Zollverwaltung im Zeitalter der Motorschifffahrt nur noch Zollboote gibt. ■

45 Kaub – Eine Festung für den Zoll

Auf dem romantischsten Abschnitt des Mittelrheins fällt auf der Höhe des Städtchens Kaub die im Rhein gelegene Zollfeste Pfalzgrafenstein ins Auge. Die Burg gleicht einem Schiff, das den Bug gegen die Strömung richtet. Im 13. Jahrhundert waren Kaub und sein Rheinzoll, also das Recht zur Zollerhebung, im Besitz der Herren von Falkenstein. Sie errichteten auch die über dem Ort gelegene Burg Gutenfels. 1277 erwarb der rheinische Pfalzgraf Ludwig II. Kaub, Gutenfels und den dazugehörigen Rheinzoll. Er gliederte sie in seine rheinische Pfalzgrafenschaft ein, deren Zentrum Bacharach mit Burg Stahleck war. Ludwig der Bayer (1282 – 1347) verlieh dem Ort Kaub 1324 das Stadtrecht. Weil er zur Bestreitung seines aufwändigen Lebensstils volle Kassen brauchte, baute Ludwig den Rheinzoll und seine Zollfeste Pfalzgrafenstein aus. Zunächst wurde als Zollburg nur ein massiver fünfeckiger Turm auf dem Felsenriff im Rhein errichtet. Weil nun auch die Weinschiffer der Klöster Zoll zahlen mussten, bekam Ludwig der Bayer Ärger mit Papst Johannes XXII. Auf dem Höhepunkt der Fehde wies dieser den Erzbischof Balduin von Trier als Betroffenen an, den inzwischen mit dem Kirchenbann belegten Ludwig zu exkommunizieren. Der Papst informierte auch die Erzbischöfe von Köln und Mainz darüber, dass das „Unrecht" durch den Bau der Zollfestung weitergetrieben und noch vergrößert werde. Schließlich forderte das Kirchenoberhaupt sogar die Bürger auf, ihren Erzbischof bei der Aufhebung des Zolls von Kaub zu unterstützen und die Zollfestung zu zerstören.

Umsonst – Pfalzgrafenstein wurde weiter ausgebaut. Um 1340 ergänzte eine zwölf Meter hohe schiffsförmige Ringmauer den Turm, der nur über eine Leiter erreichbar war. Jede Etage hatte schmale Schlitze als Schießscharten. Die Ringmauer selbst wurde innen mit einem umlaufenden Wehrgang versehen. Auf den Ecken dieser Mauer kamen kleine vorkragende Türme zu sitzen, von denen aus die „Zollansageposten" nach Schiffen spähten. Eine mächtige Eichenholztüre an der Nordseite erlaubte den einzigen Zutritt, der zusätzlich durch ein Falltor gesichert war. In der zweiten Hälfte des 15. Jahrhunderts wurde der Turm um eine weitere Etage erhöht. 1607 bekam die Festung einen „Batterieraum", einen Geschützstand, eine Pulverkammer, eine Kommandantenwohnung und weitere Mannschaftsräume. Das Gebäude hatte nun eine Länge von 51 Metern, war 21 Meter breit und 25 Meter hoch. Die Wände hatten eine respektable Dicke von 2,50 Metern. Belagerungen oder Beschädigungen gab es nicht – Pfalzgrafenstein gehört deshalb zu den wenigen mittelalterlichen Burgen am Rhein, die nie aus kriegerischen Anlässen zerstört wurden. Wie sah der damalige Dienstbetrieb aus? Die Besatzung der Zollfeste bestand in der Regel aus 20 bis 25 Mann. Die erste urkundliche Erwähnung eines dort tätigen Zöllners datiert vom 5. Dezember 1342: Darin wurden einem kurpfälzischen Zollschreiber namens Eynolf ein Beseher, ein Nachgänger und ein Schreiber zugeteilt. Das einzige Fahrwasser für Schiffe war in jener Zeit der Rhein zwischen der Zollfeste und der Stadt Kaub. Die enge Durchfahrt ließ sich leicht mit einem Seil oder einer Kette absperren. Die Schiffe konnten aber auch mit Hilfe einer Kanone zum Anhalten aufgefordert werden. Der Zoll wurde – entsprechend dem Geldbedarf des Landesherren – nach ziemlich willkürlich festgesetzten Tarifen erhoben. Wer nicht zahlen konnte oder wollte, kam in ein dafür vorgesehenes Verlies, bis er sich eines Besseren besonnen hatte oder ausgelöst wurde. ■

46 Carrata vini – Der Kauber Zolltarif

Der Zoll, der auf der Zollfeste Pfalzgrafenstein bei Kaub im Mittelalter erhoben wurde, war in einem Tarif niedergelegt, der im 13. Jahrhundert Carrata vini genannt wurde, lateinisch für „Karrenlast Wein". Auf dem Rhein war damals der Wein die bedeutendste und am häufigsten transportierte Ware. Für seine Verzollung zählte allein das Raummaß. Lästig war für den Handel, dass die Höhe des Zolls laufend geändert wurde. Dies geschah nicht etwa aus wirtschaftspolitischen Gründen, sondern einzig nach Gutdünken und den finanziellen Bedürfnissen des Herrschers. Benötigte er mehr Einnahmen, wurden die Zollsätze einfach angehoben. Diesem Übel versuchte eine 1358 gegründete Tarifkommission abzuhelfen. Sie ermittelte die an allen mittelrheinischen Zollstationen angebrachten Tarife und setzte danach einen einheitlichen Zollsatz von 16 Pfund Hellern pro Zollfuder (circa 1 000 Liter) fest. Am 8. September 1358 fand in Oberwesel eine Zollkonferenz für die Zolleinnahmestellen Kaub, Ehrenfels, Bacharach, Boppard, Lahnstein und Koblenz statt, auf der einheitliche Beschlüsse hinsichtlich der Abgabenhöhe gefasst wurden. Dort formulierte man Grundsätze wie: „Man soll von 100 Malter Weizen, Korn oder Erbsen soviel an Zoll nehmen, als man von drei Fuder Wein nimmt."

Zollbefreiungen wurden ebenfalls gewährt – so etwa dem Adel und der Geistlichkeit oder verschiedentlich auch einzelnen Städten. Belegt ist ferner durch Urkunde vom 19. Juli 1358, dass eine Anzahl Burgmänner zwölf Fuder Wein zollfrei bei Kaub und Bacharach vorbeiführen durften. Selbst Zöllner erhielten Zollbegünstigungen. Gemäß einer Urkunde von 1571 wurde wiederum einem durch Schiffbruch zu Schaden gekommenen Schiffer ein Nachlass von einem Drittel auf den zu zahlenden Zoll eingeräumt.

Die Zollburg Pfalzgrafenstein, die im 17. und 18. Jahrhundert zu einer wahren Festung ausgebaut wurde, war nur eine von vielen Stätten am Rhein, an denen Zoll entrichtet werden musste. So versuchten immer mehr Kaufleute, ihre Waren trotz größerer Beschwernisse über den Landweg zum Ziel zu bringen. Als Gegenmaßnahme wurde der Straßenzoll erhöht und der Flusszoll vermindert. Im Verlauf des 18. Jahrhunderts gab es Querelen mit den Franzosen. 1794 besetzten sie das Gebiet bis zur linken Rheinseite und verhängten eine strenge Sperre über den Rhein. Unter großen Gefahren wurden zu nächtlicher Zeit mit kleineren Fahrzeugen nahe des rechten Ufers Waren transportiert. Im

Der Zoll im Fluss

Wasserzölle und Flusszölle waren ursprünglich Gebühren, die Landesherren für die Inanspruchnahme von Wasserwegen einforderten. Als Gegenleistung garantierten sie eine intakte Infrastruktur, wie zum Beispiel Leinpfade. Die Höhe der Abgabe richtete sich nach dem verwendeten Transportmittel, also nach Größe und Typ des Schiffes. Die Territorialherren erkannten jedoch recht bald, welche unermessliche Finanzquelle der Wasserzoll bot. Schnell entwickelten sich die Flusszölle dergestalt zu einer legalisierten Form von Wegelagerei. Nun wurde nicht mehr der Grad der Inanspruchnahme von Verkehrswegen zugrunde gelegt, die Zölle wurden vielmehr nach rein fiskalischen Gesichtspunkten erhoben, wobei die mitgeführten Waren und Güter besteuert wurden. Als ein besonders drastisches Beispiel für das Übermaß an Abgaberegelungen durch feudale Landesherren mag die Zollerhebung auf der Weser im 16. Jahrhundert gelten. 1584 bestanden zwischen Minden und Bremen auf einer Flussstrecke von 22 Meilen sage und schreibe 22 Zollstätten, aus denen insgesamt zehn verschiedene Zollherren Einnahmen bezogen. Bis zu 30 Tage brauchte man, um einen Weserkahn von Bremen nach Minden zu treideln, wobei Treidelpferde und -knechte 24 Mal das Ufer wechseln mussten. Auch am Rhein gibt es markante Beispiele alter Zollstationen. Die bekannteste dürfte dabei wohl die 1326 erbaute Burg Pfalzgrafenstein bei Kaub sein, die sich auf einem inmitten des Flusses gelegenen Fels befindet. Da am Rhein der Wein das wichtigste Handelsgut jener Zeit war, wurde der Fuder Wein als Berechnungsgrundlage für Zölle auch der übrigen Handelswaren herangezogen. ■

Jahre 1798 sollten die Zöllner einen Treueid auf die französische Fahne leisten. Wer sich weigerte, verlor seine Stelle. Die Kauber Zollerträge wurden schließlich im Jahre 1800 von den Franzosen beschlagnahmt.

1803 gelangten die Stadt Kaub und die Zollfestung Pfalzgrafenstein zum Herzogtum Nassau und 1866 zum Königreich Preußen. Zuvor aber, am Neujahrstag des Jahres 1814, spielte Pfalzgrafenstein noch einmal eine Rolle von historischer Bedeutung, als der preußische Feldmarschall Blücher die Insel wegen ihrer günstigen Lage im Rhein nutzte, um mit seinen Truppen auf das westliche Rheinufer überzusetzen, und in der Folge einen entscheidenden Beitrag der europäischen Allianz zum Sieg über Napoleon leistete. Die Preußen machten 1866 endgültig Schluss mit der Erhebung der Rheinzölle. Damit endete die Geschichte von Pfalzgrafenstein als Zollerhebungsstätte. Anschließend wurde das historische Gebäude zur Signalstation für die wachsende Schifffahrt umfunktioniert. Auch diese Episode währte aufgrund fortschreitender Technik nur eine bestimmte Zeit. Heute dient die Zollfeste als Touristenattraktion. Eigentümerin ist seit 1946 das Bundesland Rheinland-Pfalz.

Das Deutsche Zollmuseum in Hamburg würdigt heute die historische Rolle der Zollfeste bei Kaub mit einem Modell der Festung Pfalzgrafenstein selbst. Eine lebensgroße Figur in der Ausstellung erweckt den mittelalterlichen „Rheinmeister" zum Leben – mit Schlüssel als Zeichen dafür, dass er über die Zolltruhe mit den Einnahmen herrscht. ■

47 Goethe als Zöllner

Das Universalgenie Goethe war nicht nur literarisch und naturwissenschaftlich ein großer Kopf. Während seiner Tätigkeit im Finanzdienst des Herzogtums Sachsen-Weimar-Eisenach hat der Dichterfürst auch als Finanzreformer Bahnbrechendes geleistet. Johann Wolfgang von Goethe (1749 – 1832) gilt als einer der Größten, vielen sogar als der Größte unter Deutschlands Dichtern. Dementsprechend weit verbreitet, gut erforscht und kommentiert ist das schriftstellerische Werk dieses Universalgenies. Allgemein bekannt ist, dass Goethe 1782 vom Chef des Hauses Sachsen-Weimar-Eisenach zum Leiter der Finanzkammer und damit quasi zum Finanzminister des Kleinstaates ernannt wurde. Seine alltägliche Arbeit in den Niederungen der Finanzverwaltung lag jedoch bisher weitgehend im Dunkeln.

Am 11. Juni 1776 war Goethe von dem damals erst 18-jährigen Herzog Carl August gegen erheblichen Widerstand der etablierten Regierungsvertreter zum Geheimen Legationsrat ernannt und in das Kabinett, das Geheime Consilium, berufen worden. Im Rahmen seiner neuen Aufgaben war Goethe zunächst in vielfältiger Weise mit der finanzfachlichen Dienstaufsicht befasst und bekam es vorrangig mit den Personalangelegenheiten in den Kameral-, Steuer- und Zolleinrichtungen zu tun. Mangels einer neuzeitlichen Ressortverantwortlichkeit mit mehrstufig gegliedertem Verwaltungsaufbau erstreckte sich Goethes Dienstaufsicht auf alle Aufgabenbereiche, die heute auf den verschiedenen Ebenen der Finanzverwaltung wahrgenommen werden.

1779 wurde Goethe die „Direktion des Fürstlichen Sächsischen Wegebaus" nebst des „Stadt-Pflasterbaus" zur Unterhaltung sämtlicher Heer- und Geleitstraßen übertragen. Seine Aufgabe war es, mit größtmöglicher Sparsamkeit den rückständigen Straßenbau voranzutreiben und durch die Verbesserung des

Straßenzustandes zugleich höhere Zolleinnahmen zu erzielen. Beides korres-
pondierte mit Goethes Anstrengungen, den vernachlässigten
Handel zu beleben. Ein möglichst reger Warenverkehr
sollte helfen, die Einnahmen
aus Wegegeldern, Chaussee-
geldern, Brückenzöllen, Tor-
geldern, Promenadengeldern,
Pflasterzöllen, Marktzöllen,
Akzisen (Verbrauchsteuern wie
Bierpfennig, Tranksteuer, Fleisch-
pfennig) sowie aus dem Kaffeemonopol
zu steigern. In dieser Zeit war Goethe insbeson-
dere in „Zollangelegenheiten" viel unterwegs, um sich aus eigener Anschau-
ung ein Bild von der keineswegs rosigen Verwaltungswirklichkeit im Lande zu
machen.

1782 schließlich erfolgte Goethes Berufung zum Chef der Weimarer Finanzkammer. Damit trug er die höchste Verantwortung für die Finanzen des dauerhaft und hoffnungslos überschuldeten Herzogtums. Das Finanzwesen des
Landes litt ebenso unter korrupten Finanz- und Zollbediensteten, die ohne feste
Besoldung und fachliche Ausbildung Dienst taten, wie unter der Verschwen-
dungssucht des absolutistischen Hofes. In dieser Situation versuchte Goethe,
die Missstände durch eine Finanzreform zu beheben, die auf moralischen Wer-
ten basierte und sich am Allgemeinwohl, ja sogar am Wohl jedes Einzelnen orientierte. Damit, dass er bei der Beschaffung und Verwendung der Haushaltsmittel das Wohl des Staates über das des Fürsten gestellt sehen wollte, war
Goethe auch als Finanzpolitiker seiner Zeit weit voraus. Gleichzeitig griff er
aber auch in die einfachsten Verwaltungsvorgänge ein. Er lieferte eine moderne Definition des Steuerbegriffs, kümmerte sich um die Interessen des ausge-
beuteten Finanzpersonals, prüfte Bücher und bestimmte Standards für die
Rechnungslegung.

Mit Fug und Recht lässt sich also sagen, dass Goethe als Weimarer Re-
gierungsmitglied zunächst eine Art „Zollkommissar" und später als Finanzminister auch oberster Zöllner im Herzogtum Sachsen-Weimar-Eisenach
war. ■

48 Vom Wegezoll zur Autobahnmaut

Seit Anfang 2005 gibt es auf Deutschlands Autobahnen eine LKW-Maut. Der Medienrummel um ihre Einführung mit Hindernissen war historisch gesehen sicher ein einmaliger Fall, die Maut selbst ist allerdings ein alter Hut.
„Maut", „Wegezoll", „Wegegeld" oder „Wegepfennig" sind Bezeichnungen für eine uralte Form der Verkehrsabgabe. Sie stellten zunächst nichts anderes als eine Gebühr dar, die von demjenigen erhoben werden durfte, der einen Weg betreute und die Verkehrssicherheit auf ihm garantierte. Diese Art der Abgabe zählte man von Anfang an zu den Zöllen. Das süddeutsche Wort für Zoll ist „Maut". Sofern die Beziehungen zwischen Zollschuldner und Zolleinnehmer auf Gegenseitigkeit, Verlässlichkeit und Rechtssicherheit basierten, konnte die Maut oder der Wegezoll entscheidend dazu beitragen, dass Handel und Wirtschaft eines Landes florierten. Piraten, Wegelagerer und Raubritter, die das Prinzip des Wegezolls auf ihre ganz eigene Art interpretierten, brachten es zwar gelegentlich zu schnellem Reichtum, aber nie sehr weit. Dies galt mehr oder weniger auch für solche Landesherren, welche die Verkehrszölle „über Gebühr" nutzten, um sich die Mittel für eine verschwenderische Haushaltsführung zu beschaffen. So wurde der Brückenzoll an manchen Orten nicht nur von Fuhrwerken erhoben, die auf der Brücke das Ufer wechseln wollten, sondern auch von Schiffen, die notgedrungen darunter herfahren mussten. Nicht selten führte ein Übermaß an Zöllen dazu, dass der Handel stagnierte. Folge: Die Zolleinnahmen eines Landes schrumpften.

Auch im Mittelalter war es bereits üblich, das Recht der Zollerhebung auf Private zu übertragen. Diese durften in der Regel einen festgelegten Anteil der von ihnen erzielten Einnahmen für sich behalten. Dies galt auch noch für den ersten Pächter einer Wegezollstation, die vom Königreich Hannover in der zweiten Hälfte des 19. Jahrhunderts in Delmsen eingerichtet wurde. Er bekam für „die gehörige Wahrnehmung der sämtlichen Dienstgeschäfte" zehn Prozent seiner Einnahmen. Zum Vergleich: Die Bundeszollverwaltung macht dies heute wesentlich preiswerter und benötigt für die Erledigung ihrer Aufgaben nicht einmal zwei Prozent der von ihr erhobenen Abgaben.

So wie heute bei der Maut wurde auch der Wegezoll zunächst nur nach einem sehr einfachen Verfahren berechnet. Maßgebend für die Höhe des pro Fuhre erhobenen Zolls waren die Zahl der Wagenräder und der Zugtiere. Schon

früh entstand aber sowohl aus fiskalischen wie aus wirtschaftlichen Gründen das Bedürfnis nach einem Zolltarif, der die Menge und vor allem die Art und damit den Wert der zu verzollenden Ware berücksichtigte. Es bleibt abzuwarten, wie sich die moderne Maut, die alle Waren gleich belastet, in dieser Hinsicht entwickelt.

Sehr interessant ist auch ein Blick auf die Mautbefreiungen. Waren im Mittelalter lediglich Geistliche und Ritter nebst Gefolge vom Zoll befreit, so enthielt ein einschlägiges Gesetz des Königreichs Hannover aus dem Jahre 1834 bereits einen breit gefächerten Ausnahmekatalog. Befreit waren Militärpersonen samt Offizieren und Fahrzeugen, Kranken- und Feuerlöschfahrzeuge, Untertanen, die ihre außerhalb des Ortes gelegenen Felder und Wiesen bearbeiten wollten, sowie Bauern auf der Fahrt zur Mühle und zur Kirche. Das moderne Wegezollgesetz sieht folgende Befreiungen vor: Kraftomnibusse, Fahrzeuge der Streitkräfte, der Polizeibehörden, des Zivil- und Katastrophenschutzes, der Feuerwehr und anderer Notdienste, Fahrzeuge des Bundes sowie ausschließlich für den Straßenunterhaltungs- und -betriebsdienst einschließlich Straßenreinigung und Winterdienst genutzte Fahrzeuge und Fahrzeuge, die ausschließlich für Zwecke des Schausteller- und Zirkusgewerbes eingesetzt werden.

Dies zeigt: Statt wie einst die hohe Geistlichkeit sind heute fahrende Gaukler und Artisten vom Wegezoll befreit – so radikal können sich die Zeiten ändern. ■

Tarifa – Bekanntmachung aus 1001 Nacht

Wer das von ihm Bezeichnete erhält, freut sich wie ein Wüstenkönig, wer es entrichten muss, schaut drein wie ein Kamel vorm Berg. Der „Tarif" geistert in unendlich vielen Fachjargons umher: Als Lohnsatz (Lohntarif) oder vertraglich festgelegter Preis (Stromtarif), als Frachtsatz oder aber auch als Verzeichnis von Preisen und Leistungen (Steuertarif). Der Zolltarif begegnet – wie der Name schon verrät – auch den Zöllnern täglich. Wo kommt's nun her, das Zauber-

wort? Das Wort „Tarif", wie wir es heute auch im Deutschen kennen, kommt von italienisch „tariffa". Schon Schwarz, der Hauptbuchhalter des Augsburger Handelshauses Fugger, der in Venedig ausgebildet worden war, verwendete 1535 „tarifa" im Sinne eines kaufmännischen „Warenverzeichnisses". Die Suche nach dem Ursprung des italienischen Wortes „tariffa" wiederum führt ins Arabische, das vom 9. bis 16. Jahrhundert die Verkehrssprache des nahen und mittleren Ostens war. Italienische Kaufleute brachten es nach Europa. Es leitet sich vom arabischen „arafa", „Wissen", ab: Und besonderes Wissen ist ja die Voraussetzung für den richtigen Umgang mit dem Tarif. Das arabische Hauptwort „Tarifa" erhielt die Bedeutung von „Bekanntgabe der Abgaben". In der Koppelung eines kaufmännischen Warenverzeichnisses mit den dazugehörigen Zoll- und Steuersätzen wurde daraus ein Zoll- oder Steuertarif. ■

49 Eichsfeld – Ein Museum für eine Grenze

Das Grenzlandmuseum Eichsfeld dokumentiert eine unrühmliche deutsche Grenze, die der Erinnerung wert sein sollte, weil sie neben ihrer politisch-geschichtlichen Bedeutung auch den Alltag vieler Menschen prägte. Die Teilung Deutschlands ist seit dem 3. Oktober 1990 Geschichte. Zur Geschichte dieser Teilung gehört eine Grenze, deren besonderer Status sich in den unterschiedlichsten Bezeichnungen niederschlug. „Demarkationslinie", „innerdeutsche Grenze", „Todesstreifen", „Eiserner Vorhang" wurde sie auf ihrer westlichen Seite genannt, „antifaschistischer Schutzwall" auf der östlichen. Diese Grenze markierte die Trennlinie zwischen zwei gesellschaftlichen Systemen, die einander wirtschaftlich, politisch und ideologisch ausschlossen und sich zeitweise bekämpften. Mit dem Untergang der DDR, deren integraler Bestandteil diese Grenze war, verschwand sie sehr schnell aus dem Leben und bald auch aus dem Bewusstsein der Menschen. Einerseits zu Recht, denn zweifellos war sie keine jener geschichtlichen Errungenschaften, denen die Historiker Lorbeerkränze zu flechten pflegen. Andererseits gehörte sie rund 40 Jahre zu einer täglichen Realität mitten in Deutschland, die nicht in Vergessenheit geraten sollte.

Eine der Einrichtungen, die diese Aufgabe übernommen hat, ist das Grenzlandmuseum in Eichsfeld. Im Gebäude des ehemaligen Grenzübergangs Duderstadt-Worbis zeigt es auf 700 m² die Entwicklung der Grenzsperranlagen vom ersten Grenzzaun in den Nachkriegsjahren über den Mauerbau bis zum nahezu unüberwindlichen Todesstreifen. Den versöhnlichen Abschluss der Ausstellung bildet die Dokumentation zur Grenzöffnung an 9. November 1989 mit der Entwicklung zur deutschen Einheit am 3. Oktober 1990.

In den ersten Nachkriegsjahren bestand die Grenze aus einem gepflügten Geländestreifen mit einigen Markierungspfählen. Flüchtlinge, Kriegsheimkehrer, Menschen, die ihre Familienangehörigen suchten, Städter auf ihren Hamstertouren: Viele Menschen überschritten die Grenze noch unkontrolliert. Ab 1952 wurden die Grenzanlagen mit dem Ziel, sie unpassierbar zu machen, immer weiter ausgebaut. Nach dem Beginn des Mauerbaus am 13. August 1961 entstand schließlich der so genannte Todesstreifen. Er kappte alle verwandtschaftlichen, freundschaftlichen und wirtschaftlichen Beziehungen in der Grenzregion für die Dauer von fast 30 Jahren. Die Benutzung der wenigen Grenzübergänge war nur unter Beachtung strenger Auflagen und Formalitäten möglich. Die damalige Situation am Übergang Duderstadt ist im Museum dokumentiert und zeichnet dem Besucher ein plastisches Bild der damaligen Wirklichkeit. Längst vergessen scheint heute auch der Alltag der Menschen in der östlichen Grenzregion, deren Lebensraum kurzerhand zum Sperrgebiet erklärt wurde. Sie litten nicht nur unter der Beschränkung ihrer Freizügigkeit, sondern auch unter der erschwerten Versorgung mit Lebensmitteln und Konsumgütern, wie das Grenzlandmuseum Eichsfeld zeigt. Die Ausstellung präsentiert das typische Warensortiment eines „Konsums" ebenso wie jenes Angebot, das nur unter dem Ladentisch gehandelt wurde und deshalb im Volksmund „Bückware" hieß.

Die Außenanlage des Museums umfasst einen vier Kilometer langen Rundweg über den früheren Kolonnenweg und ein teilweise rekonstruiertes, 300 Meter langes Reststück der ehemaligen Grenzsperranlagen – beklemmend „lebensecht" mit Metallgitterzaun, Spurensicherungsstreifen, Lichtsperre, Kolonnenweg, Signalzaun, Hundelaufanlage und Durchlasstor. Ganz nebenbei kann man sich noch einen weiteren Aspekt der gewaltsamen Teilung unseres Landes vergegenwärtigen, der zunächst überraschen mag. Unter den besonderen Bedingungen des Todesstreifens konnte sich ein einmaliger Natur-

raum mit seltenen Tier- und Pflanzenarten entwickeln. Um dessen Erhalt und Pflege in einem acht Kilometer langen Grenzstreifenrefugium bemühen sich inzwischen namhafte Naturschutzorganisationen. (Adresse und Öffnungszeiten s. Seite 142) ■

Zöllner in der Bibel

Zölle gehören zu den ältesten Abgaben der Menschheit. Ihre Spuren lassen sich bis weit in vorbiblische Jahrhunderte zurückverfolgen. Auch im Leben Christi, wie es die Bibel schildert, treten immer wieder Zöllner in das Geschehen. Im Neuen Testament sind sie insgesamt 22 Mal erwähnt – öfter als jeder andere weltliche, zivile Berufsstand.

Der bedeutendste und prominenteste Bibelzöllner ist zweifellos Levi, der spätere Apostel Matthäus. Seine erste Begegnung mit Jesus am Stadttor von Kafarnaum (Mt. 9,9; s. Titelbild) wird im Matthäus-Evangelium wie folgt beschrieben: „Und als Jesus von dannen ging, sah er einen Menschen am Zoll sitzen, der hieß Matthäus; und sprach zu ihm: ‚Folge mir!' Und er stand auf und folgte ihm." Matthäus änderte daraufhin sein Leben von Grund auf und wurde vom verrufenen Zolleinnehmer zu einem der zwölf Apostel.

Das Ansehen, das die Zöllner im Palästina der biblischen Zeit genossen, war äußerst miserabel. Dies hatte verschiedene Gründe. Einer lag im System der Steuererhebung. Die herrschenden Römer verpachteten das Recht auf Zollerhebung regelmäßig an Private. Als Gegenleistung für die einmal entrichtete Pacht durften diese *Officii* die von ihnen tatsächlich erhobenen Abgaben einbehalten. Um ihre Ansprüche vor Ort durchsetzen zu können, wurde ihnen regelmäßig eine angemessene Zahl von Soldaten zugewiesen. Eine Staatsaufsicht, Rechtsmittel oder gar eine Finanzgerichtsbarkeit gab es hingegen nicht. Dieses Verfahren entsprach einerseits zwar einem schlanken Staat, forderte andererseits aber eine überzogene Abgabenerhebung geradezu heraus. Selbst Kaiser Nero, eine der größten Schreckensgestalten der römischen Geschichte, hat die zu seiner Zeit in Teilen Palästinas herrschende Besteuerungspraxis als maßlos verurteilt. Auch Johannes der Täufer mahnt die Zöllner auf ihre Frage „Meister, was sollen wir tun?" mit der Antwort: „Fordert nicht mehr, als euch angesetzt ist!" (Lukas 3, 12 – 14)

Die örtlichen Zolleinnehmer beuteten die steuerpflichtige Bevölkerung nicht nur aus, sondern galten zudem bei den Juden als Kollaborateure des heidnischen Roms, weshalb sie gesellschaftlich und religiös tief geächtet waren. Kein Wunder, dass Zöllner in der Bibel immer wieder mit Sündern, Säufern, Heiden und Dirnen in einem Atemzug genannt werden. „Ich danke dir Gott, dass ich nicht bin wie die anderen Leute, Räuber, Ungerechte, Ehebrecher oder

Zoll für Tonsurträger

Mannigfaltig waren die Zollabgaben des Mittelalters. Ausgenommen von diesen weltlichen Abgaben waren im Allgemeinen jedoch kirchliche Güter und Personen. Geistliche und Mönche mussten aufgrund dieser Immunität keine Zölle entrichten. Solche Befreiungen waren jedoch auch immer der Willkür des Herrschers unterworfen, der je nach persönlichem Geldbedarf Steuern und Abgaben erhöhte. So setzte Rudolf I. von Habsburg Ende des 13. Jahrhunderts die Gesamtabgaben in seinem Herrschaftsbereich drastisch herauf, um ausreichend finanzielle Mittel im Kampf gegen König Ottokar II. von Böhmen zu haben, mit dem er Krieg um besetzte Reichslehen führte. Ottokar II. seinerseits war aus demselben Grund von Geldsorgen geplagt und schreckte sogar nicht davor zurück, die Immunität für die Geistlichkeit aufzuheben. Jeder, der eine Tonsur trug, also die für den geistlichen Stand übliche geschorene Schädeldecke, musste an Prager Brücken 30 Pfennige, den so genannten Mönchs-Zoll, entrichten. Der Erzbischof von Prag war über diesen Frevel so erbost, dass er Ottokar für die Dauer von sieben Jahren mit dem Bann belegte, was ihn von allen kirchlichen Sakramenten ausschloss. Die Auseinandersetzungen mit Rudolf von Habsburg verlor Ottokar übrigens. Er ließ in der Schlacht bei Dürnkrut 1278 sein Leben. ▪

auch wie dieser Zöllner", betet der Pharisäer im Tempel, woraufhin Jesus seinen Jüngern erklärt, dass dem Zöllner, der seine Sünden bereue, der Vorzug gegenüber dem selbstgerechten Pharisäer zu geben sei (Lukas 18, 9 – 14).

Jesus ging es allerdings nicht um eine weltliche Aufwertung oder gar juristische Rechtfertigung der Zöllner und ihres Handels, sondern allein um deren Seelenheil, und so bewegte er nicht nur Matthäus zu einem radikalen Wandel seiner Lebensführung. Zachäus (Lukas 19,1 ff.) war oberster Zollpächter in Jericho und sehr reich. Der kleine Zöllner war so begierig, Jesus zu sehen, dass er auf einen Maulbeerbaum kletterte, um einen ungehinderten Blick auf den Prediger und seine Jünger werfen zu können. Die offenkundige Neugier des Mannes weckte das Interesse von Jesus,

und er hielt Einkehr im Hause des Zachäus. „Zachäus aber trat dar und sprach zu dem Herrn: ‚Siehe Herr, die Hälfte meiner Güter gebe ich den Armen, und so ich jemanden betrogen habe, das gebe ich vierfältig wieder.'" Dieser Gesinnungswandel eines hartgesottenen Zollpächters erscheint nicht nur aus damaliger Sicht kaum weniger erstaunlich als die Verwandlung von Wasser in Wein, die Jesus anlässlich der Hochzeit von Kanaan vollbracht hat.

Anders als zu der Zeit, da Cyrenius Landpfleger in Syrien war, ist der Zoll heute eine dem Rechtsstaatsgebot verpflichtete Bürger- und Wirtschaftsverwaltung, die allgemein respektiert und angesehen ist. Wenn ein Zöllner allerdings sein halbes Vermögen den Armen vermachen oder zu viel erhobene Abgaben vierfach erstatten würde, käme das vielen Menschen sicher auch heute noch wie ein Wunder vor. ■

Zeittafel

v. Chr.	*In Klammern Fundstellenhinweise zum jeweiligen Thema in diesem Buch*
3000	Älteste archäologische und urkundliche Belege für die Erhebung von Zöllen und Verbrauchsteuern in Ägypten und Mesopotamien (S. 15)
753	Romulus gründet der Sage nach die Stadt Rom. Er zieht mit einer Pflugschar die Stadtgrenze und verbietet deren Überschreitung. Als sein Bruder Remus im Scherz darüber hinwegspringt, wird er von Romulus erschlagen.
550	Nacht Hor-heb, dessen Statue heute im Ägyptischen Museum von Berlin steht, war ägyptischer Zollchef in der im Nildelta gelegenen Stadt Sais. (S. 27)
57 ff.	Mit ihren Eroberungen in Gallien und Germanien durch Cäsar und später durch die ihm nachfolgenden Kaiser führen die Römer in Gallien und Germanien auch ihr Zollwesen ein. Römische Zollstätten am Rhein sind in Köln und Mainz sicher nachweisbar, aber auch in Bonn, Koblenz und Bingen wahrscheinlich. Es wurde allerdings nicht der Schiffsverkehr auf dem Rhein, sondern der Ost-West-Handel mit den Germanen verzollt.
55	Cäsar lässt bei Koblenz eine Holzbrücke über den Rhein bauen.

n. Chr.	
1 ff.	Die römischen Zolleinnehmer in Palästina stehen bei der einheimischen Bevölkerung in denkbar schlechtem Ruf. Das Recht zur Zollerhebung wird vom römischen Staat an Privatpersonen verpachtet. Christus beruft den Zöllner Matthäus zu seinem Jünger. (S. 131)
69–79	Der römische Kaiser Vespasian führt eine Verbrauchsteuer auf Urin ein, der damals zur Lederbearbeitung in Gerbereien Verwendung findet. In diesem Zusammenhang sollen die Vespasian zugesprochenen Worte gefallen sein: *Pecunia non olet* – Geld stinkt nicht. (S. 25)
81–96	Kaiser Domitian beginnt mit ersten Befestigungsbauten am obergermanischen/rätischen Limes, der nach seiner Fertigstellung zwischen Rheinbrohl am Rhein und Kehlheim an der Donau die Grenze zwischen dem Römischen Reich und den germanischen Gebieten schützen sollte. Der Limes wird in der Folgezeit ständig ausgebaut und verstärkt. Unter Caracalla (211–217) werden die hölzernen Palisaden auf weite Strecken durch eine bis zu drei Meter hohe Steinmauer ersetzt.
450–457	Der Kaiser des oströmischen Reiches Markian, dessen Hauptstadt Byzanz ist, novelliert die Zollvorschriften seines Reiches. (S. 61)

476	Die Stadt Rom wurde 410 von den Westgoten und 455 von Vandalen geplündert. Der letzte offizielle Kaiser des weströmischen Reiches Romulus Augustulus dankt 476 ab. Danach verfällt auch das römische Zollwesen in Europa.
614	Der Merowingerkönig Glothar II. schafft die erste normative Regelung des fränkischen Zollwesens und bestimmt durch Edikt unter anderem, dass Zoll nur an Orten und von Waren erhoben werden darf wie zur Zeit der Herrschaft der Könige Guntram, Chilperich und Sigibert. Alle zwischenzeitlich neu eingeführten Zölle sind damit illegal.
796	Karl der Große sichert Rompilgern die Zollfreiheit für ihren Reisebedarf zu.
779	Karl der Große untersagt die Erhebung aller bereits verbotenen Zölle und gestattet Zollerhebungen nur an Orten, wo sie schon von alters her stattgefunden haben.
805	Mit dem Diedenhofer Kapitular (kaiserlicher Erlass) verbietet Karl der Große die Zollerhebung bei Transporten, die nicht Handelszwecken dienen. Alte, rechtmäßige Zölle dürfen nur von Händlern an Brücken, von Schiffen und auf den Märkten erhoben werden. Neue Zölle, die durch Spannen von Seilen erzwungen oder bei der Durchfahrt von Schiffen unter Brücken erhoben werden, sowie Zölle, wo man Reisenden keine Hilfe leistet, werden untersagt.
810	Karl der Große errichtet zwischen Boizenburg an der Elbe und Kiel den *Limes Saxoniae* als Grenzlinie zwischen sächsischen und slawischen Siedlungsgebieten. (S. 66)
903	Die Raffelstetter Zollordnung regelt das Zollwesen der bayerisch-österreichischen Donaugebiete.
999	Der deutsche Kaiser Otto III. verleiht dem Passauer Bischof Christian das Recht, Zölle zu erheben. (S. 64)
1220–1235	Der sächsische Schöffe und Richter Eike von Repgow legt das damals in Sachsen bestehende, ungeschriebene Gewohnheitsrecht im Sachsenspiegel nieder. Der Sachsenspiegel, der auch zollrechtliche Bestimmungen enthält, beeinflusste die Rechtspflege in Deutschland maßgebend und wurde teilweise bis ins 19. Jahrhundert angewandt. (S. 114)
1235	Der von dem deutschen Kaiser Friedrich II. geschaffene Landfrieden befasst sich auch mit dem Thema Zölle: „Wer aber gegen unseren Willen einen höheren Zoll erpresst, soll dem Straßenräuber gleich bestraft werden. (S. 48)
1257	Erster urkundlicher Nachweis für die Erhebung von Zöllen in Kaub. (S. 119 ff.)

1282/1290	Der deutsche König Rudolf I. schleift die Raubzollburgen Reichenstein, Sooneck und Rheinstein und lässt einen Raubritter aufhängen. Acht Jahre später zerstört er in Thüringen 66 Raubzollburgen und lässt 29 Raubritter hinrichten. (S. 48)
1292	Zöllner bei Bacharach nehmen das Schiff des deutschen Königs Adolf von Nassau auf seiner Fahrt zu den Krönungsfeierlichkeiten in Aachen unter Beschuss und töten einen seiner Begleiter. (S. 108)
1316	Nach dem Tod des Zöllners in Lueg am Brenner übernimmt dessen Witwe die Erhebung der Zölle. (S. 50)
1372	Der Kölner Erzbischof Friedrich von Saarwerden verlegt den Rheinzoll von Neuss, das von ihm abzufallen droht, nach Zons. Er verleiht der neuen Zollstelle Stadtrechte und befestigt sie mit einer Zollburg.
1481	Die Bürger und Brauer der Stadt Hildesheim setzen sich erfolgreich gegen eine übermäßig hohe Besteuerung ihres Bieres durch den dortigen Bischof zur Wehr. (S. 21)
1504–1516	Der Bozener Zollschreiber Hans Ried verfasst das Ambraser Heldenbuch, das die älteste, schriftlich erhaltene Fassung einiger deutscher Heldengedichte enthält. (S. 28)
1525	Unter der Führung des Zöllners Michael Gaismair legen die Tiroler Bauern in Innsbruck ihre 20 Meraner Artikel mit revolutionären Forderungen nach Demokratie und Gleichheit vor und tragen damit zum Ausbruch des österreichischen Bauernkrieges bei. (S. 38)
1584	Zwischen Minden und Bremen bestehen auf einer Strecke von 22 Meilen 22 Zollstätten. Die Fahrt von Bremen bis Minden dauert bis zu 30 Tage. (S. 122)
1623	Der Oldenburger Graf Anton Günther erhält von Kaiser Ferdinand II. ein Diplom zur Erhebung von Zöllen auf der Unterweser. Streitigkeiten mit der Hansestadt Bremen sind programmiert. (S. 59)
1777	Der Dichter Gottfried August Bürger schildert in einer spannenden Ballade die Errettung eines Zöllners aus den Hochwasserfluten. (S. 106)
1781	Friedrich der Große führt in Preußen die Kaffeesteuer und ein Kaffeemonopol ein. Zur Steueraufsicht werden 400 Invaliden aus dem Siebenjährigen Krieg eingesetzt. Da die Einnahmen nicht den Erwartungen entsprechen, wird die Steuer 1784 von 6 Groschen 2 Pfennig auf 3 Groschen 2 Pfennig je Pfund gesenkt. (S. 82)
1782	Goethe wird Finanzminister des Herzogtums Sachsen-Weimar-Eisenach und ist damit auch für die Erhebung von Zöllen und die Zollverwaltung des Landes zuständig. (S. 124)

1787–1789	Die Kontrollen der Pariser Zollbeamten sorgen für allgemeinen Unmut der Pariser Bevölkerung. (S. 76–78)
1820	Das den Oldenburgern 1623 verliehene Zollprivileg erlischt endgültig am 7. Mai 1820, nachdem es erstmals bereits 1803 durch Napoleon abgeschafft worden war. (S. 59)
1834	Das Vertragswerk über den Deutschen Zollverein tritt in Kraft. Damit fallen in 18 Vertragsstaaten des deutschen Bundes, darunter Preußen, Bayern und Württemberg, die Zollgrenzen. (S. 20, 33, 99)
1840	Die badische Zollverwaltung erklärt den Jestetter Zipfel zum Zollausschlussgebiet. (S. 111)
1844	Heine schreibt das Gedicht „Deutschland – Ein Wintermärchen", in dem er sich kritisch über die Art von Zollkontrollen bei der Einreise äußert. (S. 13)
1857	Die Zollverwaltung Schleswig-Holsteins erlässt einen Leitfaden für den Grenzaufsichtsdienst. (S. 54)
1865	Preußen vereinigt sich mit den Herzogtümern Schleswig und Holstein und übernimmt deren Zollkreuzerflotte. Damit wird in Deutschland der erste reguläre Wasserzolldienst eingeführt. (S. 104, 116)
1871	Das Deutsche Reich wird gegründet. Zölle und Verbrauchsteuern stehen dem Reich zu, werden aber von den Finanzverwaltungen der Länder verwaltet und erhoben. (S. 10 f.)
1879	Am 15. Juli 1879 wird das „Gesetz betreffend den Zolltarif des Deutschen Zollgebietes und den Ertrag der Zölle und der Tabaksteuer" im Reichsgesetzblatt veröffentlicht. (S. 94)
1888	Die Zollgebiete von Hamburg und Bremen werden mit dem des Deutschen Reiches vereint.
1904	Die Vorläuferorganisationen der Zolltechnischen Prüfungs- und Lehranstalten Berlin, Bremen und Hannover werden gegründet. (S. 42)
1918	An den Toren Nördlingens wird noch immer Pflasterzoll erhoben. (S. 23)
1919	Die Weimarer Verfassung bestimmt, dass Zölle und Verbrauchsteuern künftig durch Reichsbehörden verwaltet werden. Das Gesetz über die Reichsfinanzverwaltung sieht mit Wirkung vom 1. Oktober 1919 eine einheitliche Reichsfinanzverwaltung vor. Auf diesen Tag fällt die Geburtsstunde der Reichszollverwaltung.
1921	Am 26. August wird Reichsfinanzminister Matthias Erzberger, Begründer der Reichsfinanzverwaltung und Schöpfer der nach ihm benannten Finanzreformen, ermordet. (S. 16)
1938	In der Reichspogromnacht beteiligen sich auf Befehl ihrer Dienststellen auch Zollbeamte an der Zerstörung jüdischen Eigentums und an weitergehenden Übergriffen auf Juden.

Die Zollverwaltung erhält den Befehl der Geheimen Staatspolizei, die illegale Auswanderung von Juden zu verhindern sowie aufgegriffene Juden festzunehmen und in ein Konzentrationslager zu überführen. (S. 74)

1945 Die alliierten Siegermächte übernehmen nach der bedingungslosen Kapitulation des Deutschen Reiches die Finanzhoheit in Deutschland und übertragen auch die Verwaltung der Zölle und Verbrauchsteuern auf die Länder. (S. 67, 99)

1948 Die britische Militärregierung führt eine Steuer auf Rohkaffee in Höhe von 30 Mark je Kilogramm ein. Obwohl die Steuer kurz darauf wegen ausbleibender Einnahmen auf zehn Mark gesenkt wird, beginnt die Blütezeit des Kaffeeschmuggels. Dieser endet 1953 schlagartig, nachdem die Steuer auf 3 DM je Kilogramm festgesetzt wurde. (S. 81)
Die Arbeit des Zolls läuft unter schwierigen Bedingungen an. (S. 113)

1949 Artikel 108 des Grundgesetzes der Bundesrepublik Deutschland überträgt die Verwaltung der Zölle, Verbrauchsteuern und Finanzmonopole der Bundeszollverwaltung. (S. 18, 56, 99)

1950 Durch das Finanzverwaltungsgesetz vom 9. September 1950 werden der Zollgrenzdienst und das Zollpersonal der Länder vom Bund übernommen. Das In-Kraft-Treten dieses Gesetzes ist die Geburtsstunde der Bundeszollverwaltung.
Erste große Herausforderung des Zolls ist der Kaffeeschmuggel an der Westgrenze (S. 71, 81, 86)

1951 Die erste Frau tritt als Chemikerin in den Dienst der Bundeszollverwaltung.

1952 Die Weltzollorganisation nimmt mit 17 Gründungsmitgliedern – darunter Deutschland – ihre Arbeit auf. (S. 36)
Die Zollskimannschaft der Bundeszollverwaltung wird ins Leben gerufen. (S. 96)

1953 Die deutsche Zollverwaltung forciert den Ausbau von Dienststellen und sonstigen Unterbringungsmöglichkeiten für Zollbeamte. (S. 53)

1957 Am 25. März 1957 werden die Römischen Verträge zur Gründung der Europäischen Wirtschaftsgemeinschaft (EWG) von sechs Gründungsstaaten (Belgien, Deutschland, Frankreich, Italien, Luxemburg, Niederlande) unterzeichnet. (S. 99)

1968 Am 1. Juli 1968 wird die Europäische Zollunion verwirklicht. Für Warenlieferungen aus dem freien Verkehr der Mitgliedstaaten werden keine Zölle mehr erhoben. Es gibt einen gemeinsamen Außenzoll gegenüber Drittstaaten.

1973 Das Übereinkommen über den internationalen Handel mit gefährdeten Arten frei lebender Tiere und Pflanzen (Washingtoner Artenschutzübereinkommen/WA) wird beschlossen. (S. 30)

Dänemark, Großbritannien und Irland treten der EWG bei.

1981   Griechenland tritt der EWG bei.

1986   Portugal und Spanien treten der EWG bei.

1990   Mit der Herstellung der deutschen Einheit am 3. Oktober 1990 werden die Zollgebiete der ehemaligen DDR und der Bundesrepublik vereint. Die Zollverwaltung der DDR wird aufgelöst. Die Grenzen zu den östlichen Nachbarn werden für den Waren- und Personenverkehr geöffnet. (S. 40, 56, 91, 129)

1992   Am 7. Februar 1992 wird in Maastricht der Vertrag über die Europäische Gemeinschaft als Nachfolgeorganisation der Europäischen Wirtschaftsgemeinschaft unterzeichnet.

Am 1. Mai 1992 wird das Deutsche Zollmuseum in Hamburg eröffnet. (S. 101)

1993   Am 1. Januar 1993 wird der europäische Binnenmarkt Realität. An den Grenzen zwischen den Mitgliedstaaten gibt es fortan keine Zollkontrollen mehr.

Der Maastrichter Vertag über die Gründung der EG tritt am 1. Mai 1993 in Kraft.

1995   Finnland, Österreich und Schweden treten der EG bei.

Am 26. März tritt das Schengener Übereinkommen über den schrittweisen Abbau der Personenkontrollen an den Binnengrenzen in Kraft.

1997   Am 2. Oktober 1997 wird durch den Vertag von Amsterdam die Europäische Gemeinschaft zu einer politischen Union ausgebaut. Damit war die Europäische Union (EU) geschaffen.

1999   Am 1. Januar 1999 wird die Europäische Währungsunion und mit ihr der Euro ins Leben gerufen. (S. 20)

Am 1. Mai 1999 tritt der Vertrag von Amsterdam in Kraft und vertieft die Europäische Gemeinschaft zur Europäischen Union.

2001   Am 1. Januar 2002 werden die Deutsche Mark und die Währungen von zwölf weiteren Staaten als gesetzliches Zahlungsmittel vom Euro abgelöst. (S. 20)

2004   Am 1. Mai 2004 wird die EU um insgesamt zehn Länder (Estland, Lettland, Litauen, Malta, Polen, die Slowakische Republik, Slowenien, Tschechien, Ungarn und Zypern) auf nunmehr 25 Mitgliedstaaten erweitert.

2005   Am 1. Januar 2005 wird in Deutschland eine Autobahnmaut für LKW eingeführt. Die Maut wird von einer privaten Firma erhoben und nach Abzug eines Verwaltungskostenbetrages an das Bundesverkehrsministerium abgeführt. (S. 126)

Literaturverzeichnis

Arnold, Brunhilde u.a.: Ereignisse, die Deutschland veränderten. Stuttgart 1996.

Badian, Ernst: Zöllner und Sünder. Darmstadt 1997.

Egelhofer, Ludwig G.: „Ein Kaufbeurer – Wegbereiter der wirtschaftlichen Einigung Deutschlands Johann Melchior Elch (1771 – 1848)", erschienen im Mitteilungsblatt des Heimatvereins Kaufbeuren e.V., Band 13 – Nr. 12 im Dezember 1995.

Eichstaedt, Andreas: Der Zöllner und seine Arbeitsweise im Mittelalter. Frankfurt 1981.

Eulitz, Walter: Der Zollgrenzdienst. Seine Geschichte vom Beginn des 19. Jahrhunderts bis zur Gegenwart. Bonn 1968.

Hegemann, Jürgen: „Segelschiffe für den Zoll". In: *Zoll aktuell* 1/2004.

Kenkmann, Alfons/Rusinek, Bernd A. (Hg.): Verfolgung und Verwaltung. Die wirtschaftliche Ausplünderung der Juden und die westfälischen Finanzbehörden. Münster 1999. (Das Buch kann unter der Telefonnummer 02 51/9 34 24 89 bei der OFD Münster bestellt werden.)

Leesch, Wolfgang/Birkwald, Ilse/Blumberg, Gerd: Geschichte der Finanzverfassung und -verwaltung in Westfalen seit 1815, 3. Auflage. Münster 1998. (Das Buch kann unter der Telefonnummer 02 51/9 34 24 89 bei der OFD Münster bestellt werden.)

Mehrkühler, Susanne: „Der Sachsenspiegel". In: *Zoll aktuell* 4/2003.

Mercier, Louis-Sébstien: Pariser Nahaufnahmen. Frankfurt am Main 2000.

Mittelsteiner, Karl Heinz/Pausch, Alfons/Kumpf, Johann Heinrich: Illustrierte Geschichte des steuerberatenden Berufes. Köln 1984.

Müller, Richard/Pausch, Alfons: Der Zöllner-Apostel Matthäus. Bonn 1993.

Pausch, Alfons und Jutta: „Goethe im Finanzdienst". (hrsg. v. Dieter Ondracek). Berlin 2004.

Pausch, Alfons und Jutta: Steuern in der Bibel. Köln 1986.

Pausch, Alfons und Jutta: Der Zöllner Apostel Matthäus. Köln 1986.

Pfeifer, Friedrich: Rheinische Transitzölle im Mittelalter. Berlin 1997.

Philippi, Nikolaus: „*Carrata Vini*: Der Kauber Zolltarif". In: *Zoll aktuell* 3/2004.

Philippi, Nikolaus: „Kaub: Eine Festung für den Zoll". In: *Zoll aktuell* 2/2004.

Schomburg, Walter: Lexikon der deutschen Steuer- und Zollgeschichte. Von den Anfängen bis 1806. München 1992.

Trees, Wolfgang: Schmuggler, Zöllner und die Kaffeepanzer. Die wilden Nachkriegsjahre an der deutschen Westgrenze. Aachen 2002.

Zoll aktuell. Zweimonatliche Mitarbeiterzeitschrift der Zöllnerinnen und Zöllner in Deutschland. Herausgegeben von Heimbüchel PR und dem Bundesministerium der Finanzen. Köln/Bonn seit 1995.

Links zum Thema

Artenschutz

www.zoll.de

www.artenschutz-online.de

www.cites.org

www.wwf.de

www.bfn.de

Deutsche Zollverwaltung heute

www.zoll.de

www.zoll-stoppt-schwarzarbeit.de

www.zoll-auktion.de

www.zollkriminalamt.de

www.bundesfinanzministerium.de

Geschichte des Zolls

www.museum.zoll.de

Weltzollorganisation

www.wcoomd.org.

Zollkreuzer

www.freunde-alter-schiffe.de

www.rigmor.de

www.gaffelketsch-sampo.de

Zollmuseen in aller Welt

www.iacm.etat.lu

(International Association of Customs
Museums – IACM)

Adressen

Deutsche Zoll- und Grenzmuseen

Deutsch-Deutsches Museum Mödlareuth
Mödlareuth 13
95183 Töpen
Telefon: 0 92 95/13 34
Telefax: 0 92 95/13 19
www.moedlareuth.de
Öffnungszeiten:
1. März bis 31. Oktober:
Täglich 9 – 18 Uhr
1. November bis 28. Februar:
Mo. – Fr. 9 – 17 Uhr
Wochenenden und Feiertage:
10 – 17 Uhr
Eintrittspreise:
Erwachsene: 2,00 Euro
Ermäßigt: 1,50 Euro

Deutsches Zollmuseum
Alter Wandrahm 16
20457 Hamburg
www.museum.zoll.de
Telefon: 0 40/30 08 76 11
Geöffnet Di. – So. 10 – 17 Uhr
Eintritt frei

Dokumentationszentrum zur innerdeutschen Grenze
Im Kreudellschen Schloss
Marktstr. 2
37281 Wanfried.
Öffnungszeiten:
Samstags 15 – 17 Uhr
Sonntags 10 – 12 Uhr
Eintritt frei
Besichtigungen und Gruppen-
führungen nach telefonischer
Rücksprache jederzeit möglich.
Informationen:
Uwe Eberhardt, Telefon: 0 56 55/13 12
Klaus Streitenberger, Telefon:
0 56 55/10 67
Telefax: (Stadtverwaltung Wanfried):
0 56 55/98 94 – 30

Finanzgeschichtliche Sammlung der Bundesfinanzakademie
Willy-Brandt-Str. 10
50321 Brühl
Telefon: 0 18 88/6 82 51 03
Telefax: 0 18 88/6 82 51 85
Öffnungszeiten:
Mo. – Do. 8 – 16 Uhr
Fr. 8 – 14.30 Uhr
Eintritt frei

Grenzlandmuseum Eichsfeld
Duderstädter Straße 5
37339 Teistungen
Telefon: 03 60 71/9 71 12
Telefax: 03 60 71/9 79 98
www.grenzlandmuseum.de
Öffnungszeiten: Di. – So. 10 – 17 Uhr
Führungen nach Vereinbarung

Grenzmuseum Helmstedt
Südertor 6
38350 Helmstedt
Telefon: 0 53 51/1 21 11 33
www.grenzdenkmaeler.de
www.helmstedt.de
Öffnungszeiten:
Di. und Fr. 15 – 17 Uhr
Mi. 10 – 12 Uhr und 15 – 17 Uhr
Do. 15 – 18 Uhr
Sa. und So. von 10 – 17 Uhr
Montag geschlossen

Zollmuseum Friedrichs
Horbacher Straße 497
52072 Aachen-Horbach
Telefon: 02 41/9 97 06 15
Führungen: Gruppenführungen bis
zu 20 Personen nach telefonischer
Vereinbarung jederzeit möglich.
Führungen für Einzelpersonen und
Familien am ersten und dritten
Sonntag im Monat jeweils um 11.00
Uhr und um 14.30 Uhr.

Über die Herausgeber

Jörg Geuenich, Jahrgang 1941, begann seine Arbeit für den Zoll nach bestandener Laufbahnprüfung für den gehobenen Dienst der Bundeszollverwaltung im Jahre 1967 beim Zollamt Jülich. Danach verrichtete er von 1972 bis Anfang 1978 Dienst beim Hauptzollamt Heinsberg, beim Zollkommissariat Erkelenz und bei der Vollstreckungsstelle des Hautzollamts Köln-Rheinau. Im Januar 1978 wechselte Jörg Geuenich in die Zoll- und Verbrauchsteuerabteilung des Bundesministeriums der Finanzen in Bonn. Nachdem er 1990 die Eignung für den höheren Dienst erworben hatte, übernahm er in dem für die Tabaksteuer zuständigen Referat die Aufgaben eines Referenten. Zu seinem Aufgabenbereich gehörte seitdem auch die Öffentlichkeitsarbeit der Bundeszollverwaltung. Seit 1994 widmete er diesem Arbeitsbereich den größten Teil seiner Zeit. Die seit Oktober 1995 erscheinende Mitarbeiterzeitschrift der Bundeszollverwaltung *Zoll aktuell* wurde von Jörg Geuenich maßgeblich konzipiert und bis zu seinem Ausscheiden aus dem Dienst Ende 2004 als verantwortlicher Redakteur im Bundesministerium der Finanzen betreut.

Kathrin Melzer, Jahrgang 1965, ist über Umwege zum Zoll gekommen. Sie hat Anglistik, Germanistik und Publizistik in Mainz und London studiert und ist in Köln zur Journalistin ausgebildet worden. Nach einer Zeit als freie Mitarbeiterin beim Westdeutschen Rundfunk arbeitet sie seit 1993 als Redakteurin und Konzeptionerin bei Heimbüchel PR GmbH, Köln/Berlin. Seit zehn Jahren betreut sie von Verlagsseite federführend *Zoll aktuell*. Kathrin Melzer lebt mit ihrem Mann und zwei Söhnen in Köln.